Il Mosaico della Mente nella prevenzione del Suicidio: Una Esplorazione Multifacetica della Salute Mentale

Da Media e Stigma Sociale a Strategie di Coping e Politiche Pubbliche: Una Guida Approfondita alle Dinamiche, alle Sfide e alle Opportunità del Benessere Psicologico nel Contesto Moderno

Prevenzione Moderna

1. **Introduzione**
   - Spiegare l'importanza della prevenzione del suicidio.
   - Statistiche e dati.
2. **Definizione di Suicidio**
   - Definizione e tipologie.
   - Mitologia e realtà.
3. **Fattori di Rischio**
   - Identificare e discutere i principali fattori di rischio.
4. **Segni di Allarme**
   - Cosa guardare e come riconoscere i segni premonitori.
5. **Fattori Protettivi**
   - Quali sono e come possono essere rafforzati.
6. **Depressione e Salute Mentale**
   - Collegamento tra depressione, disturbi mentali e suicidio.
7. **Intervento Precoce**
   - Identificazione e intervento nei primi stadi.
8. **Prevenzione nelle Scuole**
   - Programmi e approcci.
9. **Ruolo dei Mass Media**
   - Responsabilità e influenze.
10. **Supporto Familiare**
    - Come possono aiutare i familiari.
11. **Strategie di Coping**
    - Metodi per affrontare stress e difficoltà.

1. Introduzione • Spiegare l'importanza della prevenzione del suicidio. • Statistiche e dati.

1. Introduzione

Spiegare l'Importanza della Prevenzione del Suicidio

Il suicidio è una questione di salute pubblica globalmente riconosciuta e, nei momenti più bui, tocca la vita di individui in ogni angolo del mondo. La prevenzione del suicidio va al di là del semplice evitare una morte prematura; si tratta di sostenere la vita, promuovere la salute mentale, e sviluppare una società che sostenga attivamente le persone nei periodi di crisi.

Ogni singola vita perduta a causa del suicidio ha un impatto devastante su familiari, amici, colleghi e anche sulla comunità in generale. Pertanto, questo libro non mira solo a evitare tragedie, ma anche a sostenere la creazione di vite piene, ricche e soddisfacenti.

Statistiche e Dati

Gli attuali dati e le statistiche sul suicidio illuminano la gravità e l'urgenza del problema. Secondo l'Organizzazione Mondiale della Sanità (OMS), ogni anno circa 700.000 persone muoiono per suicidio, il che equivale a una persona ogni 40 secondi. Il suicidio rappresenta la quarta principale causa di morte tra i 15 e i 29 anni a livello globale.

Queste statistiche, pur essendo sconvolgenti, ci danno solo una visione parziale del problema, poiché per ogni persona che muore per suicidio, molte altre tentano di farlo. Ancora più persone - familiari, amici e comunità - sono toccate da questi tragici eventi e ne vivono le ripercussioni. Queste cifre sono più che numeri; rappresentano vite umane. Ogni punto dato corrisponde a una persona che ha vissuto la disperazione così profondamente da vedere il suicidio come l'unica via d'uscita. Questo libro vuole essere un faro di speranza, una risorsa che illumina la via verso la comprensione, la prevenzione e il sostegno a coloro che lottano ogni giorno contro pensieri suicidi e disperazione.

La prevenzione del suicidio deve diventare una priorità su scala globale e questo libro ha lo scopo di contribuire a questo dialogo vitale, offrendo strumenti, comprensione e un percorso per coloro che cercano di sostenere se stessi e gli altri nell'affrontare questa complessa e sfidante questione.

In ogni capitolo successivo, approfondiremo ulteriormente questi temi, sostenuti da ricerche, esperienze di vita reale, testimonianze e strategie pratiche per costruire una società più sicura e supportiva.

La prevenzione del suicidio è un'area di intervento critica e complessa che abbraccia diversi aspetti, dal riconoscimento dei segni di allarme e dei fattori di rischio all'intervento precoce e al sostegno a lungo termine per chi è sopravvissuto a tentativi di suicidio o ha vissuto la perdita di una persona cara in questo modo. La connessione tra suicidio e malattie mentali è profondamente radicata, poiché le persone che affrontano tali sfide sono spesso, sebbene non sempre, a un rischio più elevato di pensieri e comportamenti suicidi. Tuttavia, è cruciale riconoscere che il suicidio non è un problema limitato a coloro che hanno diagnosi di malattie mentali; esso attraversa tutte le demografie e le circostanze di vita.

In questa esplorazione, c'è un bisogno imperante di dissolvere i miti legati al suicidio, che spesso ostacolano la prevenzione efficace. Uno dei miti prevalenti è l'idea che parlarne possa "impiantare" l'idea nella mente di qualcuno. La realtà, sottolineata dalla ricerca e dalla pratica clinica, è che parlarne apertamente, ma con delicatezza e competenza, può effettivamente essere un passo vitale verso la prevenzione.

Il riconoscimento dei segni di allarme e la comprensione delle dinamiche psicologiche, sociali ed economiche che possono contribuire ai comportamenti suicidari sono fondamentali. La sofferenza psicologica che precede i pensieri e i comportamenti suicidi è spesso intensa e penetrante, caratterizzata da un dolore emotivo insostenibile, una sensazione di isolamento, e la percezione che le proprie prospettive future siano prive di speranza e cambiamento.

La questione della prevenzione del suicidio si intreccia anche con problematiche socio-economiche, dove la disuguaglianza, l'instabilità finanziaria e la mancanza di accesso a cure sanitarie appropriate possono esacerbare la vulnerabilità al suicidio. Ad esempio, l'accesso iniquo alle cure, sia in termini di disponibilità che di costi, può creare barriere significative per coloro che cercano aiuto, rendendo imperativo abbracciare un approccio più universale e inclusivo alla prevenzione del suicidio e al sostegno della salute mentale.

Questo percorso porta a esplorare il ruolo delle comunità e delle reti sociali nel fornire sostegno e ridurre l'isolamento, con un occhio attento alle pratiche basate su prove di efficacia e alla personale esperienza umana. L'integrazione della cultura e del contesto socio-economico nella conversazione e nelle strategie di prevenzione è fondamentale, riconoscendo che non esiste un "unico approccio valido per tutti" ma piuttosto una necessità di sviluppare interventi specifici e culturalmente sensibili.

Inoltre, l'importanza del linguaggio utilizzato quando si parla di suicidio non può essere sottovalutata. Evitare termini stigmatizzanti o giudicanti, e scegliere parole che riflettano empatia, comprensione e non-giudizio, è fondamentale per creare un ambiente in cui le persone si sentano abbastanza al sicuro per esprimere i loro pensieri e sentimenti più oscuri senza paura di rifiuto o condanna.

Anche il ruolo della resilienza nella prevenzione del suicidio e il sostegno alla salute mentale emergono come un area necessitante di un'approfondita esplorazione e comprensione. La resilienza non è semplicemente la capacità di "resistere" alla sofferenza o alle avversità, ma piuttosto la capacità di navigare attraverso di essa e di utilizzare strategie e risorse (sia interne che esterne) per gestire attivamente lo stress e il dolore.

A questo si aggiunge l'importanza di un ascolto attivo e non giudicante, che può fungere da ponte vitale tra l'individuo sofferente e le risorse o le strategie di cui hanno bisogno per superare il momento critico. Un ascolto che va oltre le parole e si immerge nell'esperienza emotiva dell'altro, riconoscendo il loro dolore senza minimizzarlo o offrire soluzioni semplicistiche.

La navigazione attraverso queste complessità, integrando la ricerca, le esperienze di vita reale, e una profonda umanità, sarà il filo conduttore di questo esame, contribuendo a un dialogo e a una pratica più informati, empatici e efficaci nella prevenzione del suicidio.

L'esplorazione della prevenzione del suicidio ci immerge in un'indagine multidimensionale che prende in considerazione sia gli aspetti intrinseci dell'individuo sia quelli esterni, come l'ambiente sociale e culturale in cui vivono. L'intersezione tra fattori individuali, comunitari, e sistemici converge per creare un'immagine complessa che richiede un'analisi profonda e stratificata.
Una delle sfide significative nella prevenzione del suicidio riguarda le innumerevoli sfaccettature dei fattori di rischio, che possono variare enormemente da una persona all'altra. Per esempio, gli adolescenti e i giovani adulti possono affrontare intense pressioni peer, ciberbullismo, e ansie performative accademiche che possono alimentare sentimenti di isolamento e disperazione. Mentre, gli adulti e gli anziani possono lottare con la solitudine, la perdita di un partner o di un ruolo sociale significativo, e le sfide legate alla salute mentale e fisica.
È, quindi, cruciale comprendere che, mentre ci sono comuni segnali di allarme e tendenze, l'esperienza del dolore emotivo e psicologico che può portare a pensieri e comportamenti suicidari

è estremamente personale e unica. Per esempio, mentre alcune persone potrebbero esternare il loro dolore e lottare apertamente, altre potrebbero mascherare la loro sofferenza interna con un apparente benessere esterno, creando ulteriori sfide nel riconoscimento e nell'intervento tempestivo.

Navigando in questo mare di variabilità e complessità, si presenta anche l'opportunità di esplorare e capire meglio l'impatto della tecnologia e dei media digitali. In un'epoca dominata dalla connettività digitale, i social media e le piattaforme online diventano spazi cruciali per il dialogo riguardante la prevenzione del suicidio, ma anche potenziali aree di rischio, come nei casi di cyberbullismo, comparazione sociale negativa e diffusione di contenuti pericolosi o triggeranti.

Le storie condivise online, sia quelle di disperazione che di speranza e resilienza, creano un nuovo strato di interazione e potenziale influenza, sottolineando la necessità di approcci adeguati e responsabili nel discutere e rappresentare il suicidio nei media e nelle piattaforme digitali. Sviluppare e promuovere linee guida etiche per la comunicazione mediatica e online riguardante il suicidio può essere un passo fondamentale verso la creazione di spazi virtuali sicuri e supportivi.

Inoltre, una lente di ingrandimento sul ruolo delle istituzioni, come scuole, università, luoghi di lavoro e istituzioni sanitarie, è fondamentale. Queste entità sono spesso luoghi in cui i segni di sofferenza possono manifestarsi e, pertanto, dovrebbero essere attrezzate con le competenze, le risorse e le politiche necessarie per intervenire in modo efficace e compassionevole.

Il suicidio, essendo un fenomeno così complesso e multifattoriale, richiede un approccio olistico che va oltre il mero intervento nei momenti di crisi. Un'attenzione proattiva e preventiva alle politiche sociali, educative e sanitarie, che mira a creare ambienti e società resilienti, inclusivi e supportivi, diventa imprescindibile.

L'integrazione di prassi basate su evidenze scientifiche, conoscenze tradizionali e culturali, e storie di vita personale, offre una via promettente verso strategie di prevenzione e intervento più umane, eque e efficaci. La tessitura di questi elementi insieme, mantenendo la complessità e la dignità della vita umana al centro, guida il viaggio verso una comprensione più profonda e un impatto più duraturo nella lotta per la prevenzione del suicidio e la promozione del benessere.

Espandendo ulteriormente la discussione sulla prevenzione del suicidio, è essenziale esplorare il ruolo critico del supporto post-intervento, specialmente per coloro che hanno recentemente affrontato una crisi suicidaria o hanno tentato il suicidio. Gli individui che sono sopravvissuti a un tentativo di suicidio possono trovarsi in uno stato di particolare vulnerabilità, attraversando emozioni complesse e, talvolta, affrontando stigmatizzazione aggiuntiva o isolamento sociale. Quando ci avviciniamo a queste situazioni con un atteggiamento di compassione e comprensione, emergono questioni relative alla gestione dell'assistenza a lungo termine. Le reti di sostegno sono cruciali in questo contesto: familiari, amici, colleghi, e professionisti della salute mentale hanno un ruolo chiave nel fornire un ambiente di supporto e comprensione continuativi. Insieme, queste reti possono costruire un ponte verso la stabilità e il recupero, offrendo non solo interventi mirati ma anche una mano tesa nel cammino verso il benessere.

Allo stesso tempo, è imperativo indagare le complessità della gestione del dolore per coloro che hanno perso una persona cara a causa del suicidio. I superstiti del suicidio spesso navigano attraverso un mare di emozioni tumultuose e complesse, affrontando il dolore, la colpa, la rabbia e, a volte, una stigmatizzazione sociale ingrata. Creare spazi sicuri e supportivi per il lutto e offrire risorse dedicate per la gestione della perdita suicidaria sono parti integranti del mosaico della prevenzione del suicidio.

Un altro aspetto che merita un esame minuzioso è il ruolo della legislazione e della politica pubblica nella prevenzione del suicidio. Ciò include politiche che possono influenzare direttamente i fattori di rischio suicidario, come quelle che riguardano l'accesso ai mezzi letali, le politiche di salute mentale, l'istruzione e la formazione in materia di suicidio per i professionisti della salute e dell'istruzione, e il finanziamento per la ricerca sul suicidio e i programmi di prevenzione.

La salute mentale in generale e la prevenzione del suicidio, in particolare, sono strettamente intrecciate con numerosi aspetti socio-economici e politici, incluso il sistema sanitario. L'accessibilità, l'affordabilità e la qualità delle cure in materia di salute mentale sono fondamentali per garantire che chiunque abbia bisogno di aiuto possa ottenerlo. Inoltre, riconoscere e mitigare gli effetti che le ingiustizie e le disuguaglianze (come quelle legate a genere, razza, etnia, orientamento sessuale e classe sociale) possono avere sui rischi suicidari è essenziale per costruire strategie di prevenzione efficaci e inclusive.

Esaminare il ruolo dell'educazione e della formazione nell'ambito della prevenzione del suicidio conduce verso la comprensione dell'importanza della letteratura e del programma scolastico in questo contesto. L'integrazione della letteratura sulla resilienza emotiva, sulla gestione dello stress, e su abilità di vita positive nelle scuole e nelle università può aiutare a dotare i giovani di strumenti cruciali per navigare attraverso le sfide della vita e per comprendere e gestire le loro emozioni in modo sano.

In definitiva, è fondamentale intrecciare assieme questi vari fili – comprendendo le sfide individuali, sociali, e politico-economiche – per formare un tappezzeria che sostenga proattivamente gli individui attraverso ogni fase della loro vita e benessere. L'incorporazione di una mentalità preventiva, che interviene non solo in risposta alla crisi ma lavora anche per ridurre il rischio, rafforzare la resilienza, e sostenere il benessere globale, culmina in un approccio olistico e multilivello alla prevenzione del suicidio, che abbraccia la piena complessità e dignità dell'esperienza umana.

Inoltre, immergendosi nell'ambito della prevenzione del suicidio, l'approccio integrato tra diversi settori della società si delinea come una componente vitale per costruire una rete di sicurezza globale e omnicomprensiva. Parlando di prevenzione del suicidio, la cooperazione multidisciplinare tra vari professionisti, tra cui medici, psicologi, assistenti sociali, insegnanti, e anche professionisti non strettamente legati alla salute mentale, diventa un pilastro fondamentale.

I servizi di emergenza, ad esempio, possono spesso trovarsi in prima linea nel gestire situazioni di crisi immediate e, pertanto, una formazione adeguata su come gestire le situazioni di crisi suicidaria, compresa la formazione su come comunicare empaticamente e come dirigere le persone verso l'aiuto appropriato, diventa imprescindibile. Questo tipo di formazione può estendersi anche a professionisti come i farmacisti, che potrebbero giocare un ruolo cruciale nel riconoscere e segnalare potenziali segni di comportamento suicidario.

Il dialogo aperto e il coinvolgimento attivo delle comunità sono anch'essi essenziali nel plasmare un ambiente che favorisca la prevenzione del suicidio. Le comunità possono agire come un primo livello fondamentale di supporto e riconoscimento, offrendo un senso di appartenenza e comprensione che è fondamentale per la prevenzione del suicidio. Comprendere e implementare strategie di prevenzione basate sulla comunità, che incoraggino la coesione sociale e il sostegno reciproco, possono offrire una rete di sicurezza preziosa.

L'ambito del lavoro e dell'occupazione merita anche un'indagine dettagliata. L'ambiente lavorativo può influenzare significativamente la salute mentale delle persone, ed esplorare come le organizzazioni e le imprese possano creare ambienti di lavoro sani e supportivi diventa fondamentale. Politiche aziendali come la promozione di un equilibrio tra vita lavorativa e vita privata, la garanzia che ci siano risorse e supporto per la salute mentale, e l'implementazione di una cultura aziendale inclusiva e di supporto possono giocare un ruolo importante nella prevenzione del suicidio.

In aggiunta, la considerazione di programmi specifici rivolti a gruppi demografici particolari offre un ulteriore strato di comprensione. Alcuni gruppi possono affrontare sfide uniche o avere tassi più elevati di comportamento suicidario e, quindi, potrebbero beneficiare di programmi e risorse mirate. Per esempio, creare programmi specifici per i veterani, che potrebbero affrontare sfide come il disturbo da stress post-traumatico (PTSD), o per le persone LGBTQ+ che possono affrontare ostracismo o discriminazione, diventa pertanto cruciale.

Oltre alla prevenzione diretta, c'è anche da considerare l'importanza della ricerca nel campo della prevenzione del suicidio. La ricerca continua può aiutare a identificare nuovi fattori di rischio, sviluppare e valutare l'efficacia di nuovi interventi, e guidare la creazione di politiche pubbliche basate sull'evidenza. Nello spirito di un approccio integrato, la ricerca dovrebbe mirare a coinvolgere le voci delle persone con esperienza vissuta, assicurando che le strategie sviluppate siano radicate nelle realtà delle persone che sono destinate ad aiutare. Inoltre, la spiritualità e la religione possono anche giocare un ruolo significativo per molte persone nella gestione del dolore e nella ricerca di significato in mezzo al caos. Esplorare e comprendere il ruolo delle pratiche spirituali, delle comunità religiose e delle credenze nel contesto della prevenzione del suicidio può fornire ulteriori strumenti e vie attraverso cui gli individui possono trovare supporto e connessione.

Queste esplorazioni multidimensionali rivelano la ricchezza e la complessità che si trovano nella pratica della prevenzione del suicidio. L'intreccio delle diverse sfaccettature della vita umana, dei sistemi sociali e delle istituzioni offre un quadro intricato ma potentemente interconnesso, in cui la responsabilità collettiva e l'azione possono forgiare una strada verso la riduzione del dolore e della disperazione che spesso precedono il suicidio.

Concludendo il punto, è essenziale che l'introduzione di un libro sulla prevenzione del suicidio non solo evidenzi l'importanza cruciale del tema, ma anche instauri un dialogo aperto, empatico e informato da uno spettro ampio e dettagliato di prospettive e conoscenze. Le sfaccettature esplorate - dalla formazione dei professionisti, al supporto post-intervento, alla cooperazione multidisciplinare, al coinvolgimento della comunità, alle politiche del luogo di lavoro, agli approcci mirati per gruppi specifici, alla ricerca scientifica, e al ruolo della spiritualità - tutte rappresentano ingredienti vitali che devono essere cuciti insieme con cura e attenzione.

Il filo comune che connette queste diverse aree è l'umanità intrinseca che permea ogni interazione, ogni sforzo di ricerca, e ogni politica implementata. Pertanto, mentre la sezione introduttiva del libro deve sicuramente essere impregnata di dati empirici e statistiche che mettono in luce l'urgenza e la gravità del problema del suicidio a livello globale, è anche imperativo che sia tessuta con storie e testimonianze che parlano direttamente al cuore del lettore, fornendo un contesto umano che vada al di là dei numeri e delle percentuali.

Le narrazioni e le esperienze personali offrono una finestra autentica nel mondo emotivo di coloro che sono direttamente toccati dal suicidio, sia che si tratti di persone che lottano con pensieri suicidari, di sopravvissuti a tentativi di suicidio, o di coloro che hanno perso una persona cara in questo modo tragico. Condividere queste storie nella sezione introduttiva potrebbe non solo humanizzare i dati e le informazioni presentate, ma anche offrire un senso di speranza, mostrando che la guarigione, la resilienza, e la prevenzione sono possibili. Inoltre, l'introduzione dovrebbe sottolineare l'impegno etico del libro nel trattare il tema del suicidio con il massimo rispetto, sensibilità e attenzione al benessere dei lettori. Questo impegno dovrebbe trasparire attraverso l'intero libro, garantendo che ogni capitolo e ogni sezione siano redatti con una consapevolezza acuta delle potenziali implicazioni e dell'impatto emotivo. Essenziale, infine, è che l'introduzione stabilisca un tono di speranza e proattività. Pur essendo un tema intriso di dolore e tristezza, parlare di prevenzione del suicidio è, nel suo nucleo, un discorso sulla preservazione e celebrazione della vita, sulla cura e sulla connessione umana. Pertanto, ogni dato, storia e strategia presentata dovrebbe essere equilibrata con un messaggio che il cambiamento è possibile, che la prevenzione è realizzabile, e che ogni vita è infinitamente preziosa.

Con un'adesione rigorosa all'evidenza scientifica, un impegno profondo verso l'empatia e la comprensione, e una dedizione inamovibile alla speranza e al miglioramento delle cose, l'introduzione potrà posizionare il lettore in un viaggio informatico, ma anche umanamente ricco e profondamente connesso, attraverso le molteplici dimensioni della prevenzione del suicidio.

2. Definizione di Suicidio • Definizione e tipologie. • Mitologia e realtà.

Definizione e tipologie

Il suicidio è definito come l'atto di causare intenzionalmente la propria morte. È un fenomeno complesso e multifattoriale che può essere influenzato da una varietà di fattori, tra cui la sofferenza psicologica, gli stressor della vita, i problemi di salute mentale e/o fisica, e altri fattori socio-culturali ed economici. Dal punto di vista delle tipologie, i suicidi possono essere classificati in diversi modi, considerando ad esempio il grado di pianificazione, il metodo

utilizzato, o il contesto socio-culturale in cui
avviene.

- **Suicidio impulsivo**: Spesso avviene in risposta a una crisi acuta e con minima pianificazione.
- **Suicidio cronico**: Può coinvolgere un lungo periodo di contemplazione e/o una serie di tentativi nel tempo.
- **Suicidio assistito**: Quando un individuo riceve aiuto per terminare la propria vita, spesso in contesti in cui la eutanasia è legalizzata.

Esistono, ovviamente, molte altre sottocategorie e tipologie, e la comprensione di queste diversità è fondamentale per navigare nelle complesse acque della prevenzione.

Mitologia e realtà

Discutere di suicidio significa anche affrontare una serie di miti e credenze erronee che persistono nel discorso sociale e culturale.

- **Mito**: Parlare di suicidio può incoraggiare le persone a suicidarsi.
- **Realità**: Parlare apertamente di suicidio, quando fatto con sensibilità e secondo linee guida adeguate, può effettivamente fornire sostegno vitale e potenzialmente prevenire l'atto suicidario.
- **Mito**: Il suicidio avviene senza preavviso.
- **Realità**: Spesso ci sono segnali di avvertimento, anche se possono essere sottili o facilmente fraintesi.

- **Mito**: Solo gli esperti possono prevenire il suicidio.
- **Realtà**: Tutti possono giocare un ruolo nella prevenzione del suicidio offrendo supporto, ascolto e aiutando la persona a connettersi con assistenza professionale.

L'analisi della mitologia rispetto alla realtà circostante il suicidio è un elemento chiave per smantellare stigmi, promuovere la consapevolezza e la comprensione accurata tra la popolazione generale. Questo capitolo, quindi, potrebbe esplorare in modo più dettagliato i vari miti e realtà, fornendo dati scientifici e testimonianze per contrastare le false credenze e incoraggiando un discorso sulla prevenzione del suicidio che sia tanto informato quanto compassionevole.

Esplorare il concetto di suicidio in tutte le sue sfaccettature, dalla sua definizione, alle tipologie, alla mitologia e alle realtà associate, offre una solida base per i lettori per comprendere, contestualizzare e, in ultima analisi, partecipare attivamente alle discussioni e agli sforzi di prevenzione.

Continuando sulla tematica del suicidio, è vitale esplorare ulteriori dimensioni e angolazioni per ottenere una comprensione più esaustiva. In tal senso, potremmo volgere lo sguardo verso una disamina delle radici storiche e culturali del fenomeno suicidario, così come verso il ruolo delle comunità e della società nella mitigazione del rischio suicidario.

Considerazioni storiche e culturali

Il suicidio è stato percepito e interpretato in modo diverso attraverso le varie epoche storiche e nei diversi contesti culturali. Ad esempio, durante diversi periodi storici e in alcune culture, il suicidio è stato visto come un atto di coraggio o come un'opzione onorevole in certe circostanze. In altre, era ed è percepito come un tabù o un peccato. La percezione del suicidio nei media, la letteratura, e nell'arte attraverso le epoche ha svolto un ruolo significativo nella formazione dell'opinione pubblica e delle attitudini verso questo atto. Rilevare le varie risonanze storiche e culturali del suicidio può offrire uno sguardo approfondito sulle dinamiche che informano la nostra attuale comprensione e gestione del fenomeno, illuminando contemporaneamente vie potenziali verso approcci di prevenzione culturalmente sensibili e storicamente consapevoli.

Dinamiche comunitarie e sociali

Osservando le dinamiche comunitarie, le reti di sostegno sociali, come amici, familiari e colleghi, sono strumenti essenziali nella prevenzione del suicidio. La solidarietà, il sostegno e la coesione all'interno delle comunità possono fungere da efficaci reti di sicurezza per coloro che lottano con idee e intenti suicidari. Esplorare le diverse maniere in cui le comunità possono essere mobilitate e potenziate per svolgere un ruolo proattivo nella prevenzione del suicidio diventa cruciale. Questo implica l'osservazione di come le strategie basate sulla comunità, inclusi programmi di alfabetizzazione mentale e iniziative di costruzione della resilienza, possano essere sviluppate e implementate.

Aspetti giuridici e politici

La normativa e le politiche pubbliche riguardo al suicidio e alla prevenzione del suicidio rappresentano un altro angolo di visuale essenziale. Vari paesi hanno approcci diversi, con alcune nazioni avendo strategie nazionali di prevenzione del suicidio ben consolidate e altre che potrebbero essere meno proattive o strutturate in questo ambito. Analizzare e comparare le diverse iniziative politiche, così come esplorare il legame tra legge e prevenzione del suicidio (ad esempio, l'accesso a mezzi letali, la legislazione attorno al suicidio assistito, e la regolamentazione dei media riguardo alla reportistica sui suicidi) può offrire spunti preziosi sia in termini di comprensione del contesto corrente sia per l'identificazione di potenziali percorsi futuri per la policy e la pratica.

Metodologie di ricerca

Sottolineare l'importanza delle metodologie di ricerca sull'epidemiologia del suicidio, sugli interventi preventivi e postventivi, e sugli aspetti psico-sociali correlati è fondamentale per comprendere a fondo le dinamiche del fenomeno suicidario. Le strategie di ricerca, sia qualitative che quantitative, forniscono il substrato su cui si basano le politiche, le prassi e le strategie preventive, evidenziando le tendenze, identificando i gruppi a rischio e informando l'efficacia degli interventi.

Questi ulteriori aspetti e dimensioni del suicidio, abbracciando elementi storici, comunitari, legislativi, politici e metodologici, contribuiscono ad una visione ancora più articolata e stratificata del fenomeno suicidario e della sua prevenzione. Ogni angolazione apre nuove possibilità di esplorazione, dialogo e intervento, proponendosi come terreno fertile per ulteriori riflessioni e discussioni nei capitoli successivi del libro.

Intersezionalità del Suicidio

Nel contesto della discussione sul suicidio, è imperativo osservare la tematica attraverso una lente intersezionale, considerando come diversi fattori come l'etnia, il genere, la classe sociale e l'orientamento sessuale possono influenzare l'esperienza individuale e collettiva del suicidio e della suicidalità. Ad esempio, le popolazioni LGBTQ+ sono spesso a più alto rischio di comportamenti suicidari rispetto ai loro coetanei, dovuto a una varietà di stressori sociali e strutturali, come la discriminazione e l'esclusione. D'altro canto, le donne possono avere tassi più elevati di tentativi di suicidio, mentre gli uomini spesso presentano tassi più elevati di suicidi completi. Comprendere le ragioni dietro a queste disparità, e come intersecano con altri fattori come l'età e la classe sociale, diventa vitale per sviluppare interventi mirati ed efficaci.

Considerazioni Etiche

Altra tematica fondamentale è quella delle considerazioni etiche nella discussione, rappresentazione, e intervento in ambito suicidario. Come trattiamo le storie di chi ha vissuto esperienze di suicidalità? Come parliamo di suicidio in un modo che sia rispettoso, etico, e non pericoloso? Le linee guida per la reportistica sui suicidi, ad esempio, sono essenziali per evitare l'effetto di contagio suicidario e per assicurare una rappresentazione sensibile e accorta nei media. La stessa sensibilità e attenzione dovrebbe permeare ogni dialogo e intervento sul suicidio, sottolineando l'importanza di pratiche etiche e centrate sull'umano.

Assistenza Post-Suicidio

Non si può trascurare l'importanza di un supporto adeguato per coloro che sono stati toccati dal suicidio, inclusi i sopravvissuti al suicidio e coloro che hanno perso qualcuno per suicidio (spesso chiamati "sopravvissuti al suicidio" in letteratura). L'assistenza post-suicidio, o interventi postventivi, sono cruciali per prevenire ulteriori episodi suicidari e fornire un sostegno vitale in un momento di estremo bisogno. Gli approcci, che possono includere il supporto terapeutico, il sostegno al lutto e le strategie comunitarie, necessitano di una profonda riflessione e di uno sviluppo metodico basato su evidenze e buone prassi.

Ruolo dei Professionisti della Salute

Il ruolo dei professionisti della salute mentale e generale nel contesto della prevenzione del suicidio è fondamentale. Questo include non solo psichiatri e psicologi, ma anche medici di base, infermieri, assistenti sociali e altri. La loro formazione, la consapevolezza, e le competenze nell'intercettare e gestire il rischio suicidario possono essere vitali per prevenire atti suicidari e fornire supporto. Esaminare e approfondire come questi professionisti possono essere ulteriormente formati e supportati nel loro ruolo di prevenzione del suicidio diventa così una tematica essenziale.

Abbracciare il Futuro: Tecnologia e Innovazione

L'avvento della tecnologia ha portato nuove opportunità e sfide per la prevenzione del suicidio. Piattaforme online, app e altri strumenti digitali offrono nuovi modi per connettersi, offrire e ricevere supporto. D'altro canto, la cyberbullismo e le problematiche correlate all'utilizzo dei social media hanno aggiunto nuovi strati di complessità alla prevenzione del suicidio tra i giovani, in particolare. Esplorare come la tecnologia può essere utilizzata in modo etico ed efficace nella prevenzione del suicidio, e come possiamo navigare nelle sue sfide, è un'area ricca di potenziali esplorazioni e sviluppi.

Focus sulla Prevenzione Pratica

Infine, mentre esploriamo e discutiamo il fenomeno del suicidio nelle sue molteplici sfaccettature, una chiara e tangibile focalizzazione sulla prevenzione pratica rimane cruciale. Ciò implica una robusta esplorazione di strategie e interventi preventivi, inclusi quelli a livello individuale, comunitario, e societale, che hanno mostrato efficacia nel ridurre gli atti e i tentativi di suicidio.

Ogni punto sollevato qui apre ulteriori ramificazioni e possibilità di esplorazione nel dialogo sul suicidio e la sua prevenzione. Ogni angolo ci fornisce un diverso spunto di riflessione o azione, offrendo un tessuto ricco e multidimensionale che possiamo utilizzare per avvolgere e sostenere le persone nel loro momento di bisogno. Ogni nuova prospettiva fornisce un'ulteriore possibilità di apprendimento, comprensione e, in ultima analisi, azione verso un futuro dove il suicidio può essere più efficacemente compreso e prevenuto.

Implicazioni Culturali e Religiose
La considerazione di come il suicidio viene visto e interpretato da diverse tradizioni culturali e religiose aggiunge un'ulteriore dimensione essenziale. Alcune culture e credenze religiose possono percepire il suicidio come un grave tabù, mentre altre possono averlo incanalato in pratiche e rituali specifici. La comprensione di come queste influenze culturali e religiose possano influenzare la percezione e la reazione delle persone al suicidio è un campo critico da esplorare, per garantire che gli interventi siano rispettosi e pertinenti nel contesto culturale e religioso.

Educare i Giovani
Affrontare la questione del suicidio tra i giovani e nelle istituzioni educative è di fondamentale importanza. L'educazione sui segnali di avviso del suicidio, sulla salute mentale e sul benessere

dovrebbe essere integrata nei curriculum scolastici per creare consapevolezza e ridurre lo stigma associato alle questioni di salute mentale. Esplorare strategie efficaci e sensibili all'età per coinvolgere i giovani in discussioni sulla salute mentale e prevenzione del suicidio è fondamentale.

Economia e Lavoro

L'interrelazione tra l'economia, il mercato del lavoro, e le rate di suicidio fornisce un altro spettro di analisi. Esaminare come la stabilità economica, la sicurezza occupazionale, e le condizioni di lavoro influenzano la salute mentale e il benessere degli individui è vitale. L'impatto delle crisi economiche, della disoccupazione e delle condizioni lavorative su suicidio e comportamenti suicidari offre un'opportunità di esplorare e sviluppare strategie preventive legate al contesto socio-economico.

La Prospettiva dei Sopravvissuti

Dare voce a coloro che hanno esperienza diretta con il suicidio, sia come sopravvissuti di tentativi di suicidio sia come familiari o amici di chi ha compiuto un atto suicidario, è fondamentale per costruire una comprensione autentica e per sviluppare strategie preventive veramente efficaci. Le loro storie, esperienze, e intuizioni rappresentano una risorsa inestimabile per comprendere e affrontare la complexità del suicidio.

Assistenza Sanitaria e Accesso

La qualità, l'accessibilità e l'efficacia dei servizi di salute mentale sono elementi chiave nella prevenzione del suicidio. Le barriere all'accesso, come il costo, la disponibilità dei servizi e lo stigma, devono essere minuziosamente esplorate e abbattute. Esplorare inoltre come rendere i servizi di salute mentale più accessibili e inclusivi per vari gruppi demografici diventa vitale per assicurare un supporto onnicomprensivo.

Ricerca Futura e Implicazioni

Mentre si svolge la ricerca attuale sul suicidio, lo sguardo dovrebbe anche essere proiettato verso il futuro, riconoscendo aree che necessitano ulteriori esplorazioni e comprendendo come le tendenze demografiche, sociali e tecnologiche possano plasmare il futuro del suicidio e della prevenzione del suicidio.

Politiche Pubbliche e Advocacy

Analizzare e sviluppare politiche pubbliche che indirizzano direttamente la prevenzione del suicidio, e che lo facciano con un approccio multidimensionale, è di cruciale importanza. La promozione dell'advocacy per influenzare i cambiamenti politici e sociali necessari per affrontare il suicidio in modo efficace richiede un approfondimento sostanziale.

Media e Narrazioni

Il ruolo dei media e delle narrazioni popolari nel plasmare la percezione pubblica del suicidio e nell'influenzare il comportamento individuale merita un'attenzione speciale. I media possono sia contribuire al problema, attraverso la rappresentazione irresponsabile o sensazionalistica del suicidio, sia far parte della soluzione, attraverso la comunicazione consapevole e l'educazione.

Abordare l'Autostigma

Esplorare il fenomeno dell'autostigma tra coloro che vivono esperienze di suicidialità e cercare strategie per mitigarlo rappresenta un'altra sfaccettatura cruciale. L'autostigma può rappresentare una significativa barriera al cercare aiuto e può aggravare ulteriormente il dolore e l'isolamento.

Ogni singolo punto qui aggiunto e esplorato aggiunge un ulteriore strato alla complessità e multifacedness del suicidio e della sua prevenzione, richiedendo un'approfondita, empatica, e olistica esplorazione nel libro. Continuare ad esplorare questi spunti sarà essenziale per costruire un dialogo comprensivo e un approccio alla prevenzione del suicidio che sia veramente efficace e inclusivo.

Lingua e Comunicazione

Il modo in cui parliamo del suicidio è essenziale nella formazione della narrativa e nel plasmare le attitudini nei confronti della suicidialità e della salute mentale. La lingua può sia perpetuare lo stigma sia facilitare un dialogo aperto e supportivo. Esaminare l'uso del linguaggio, i termini usati e le metodologie di comunicazione efficaci per parlare di suicidio in maniera rispettosa, accurata ed empatica, è fondamentale per promuovere un dialogo costruttivo.

Stigma Sociale

Lo stigma sociale relativo al suicidio e alla salute mentale rappresenta una notevole barriera che impedisce a molti di cercare aiuto. Esplorare e sfidare le radici, le manifestazioni e le conseguenze dello stigma, e sviluppare strategie per contrastarlo a vari livelli della società, è essenziale per creare un ambiente che faciliti la prevenzione del suicidio e il sostegno.

Interventi Basati sull'Evidenza

Mettere in evidenza e analizzare interventi di prevenzione del suicidio e strategie di gestione che sono stati empiricamente validati e mostrano una chiara efficacia nel ridurre i comportamenti suicidari. Questo potrebbe includere vari approcci, come la terapia cognitivo-comportamentale per la prevenzione del suicidio

(CBT-SP), e altre modalità di intervento che sono state evidenziate come particolarmente efficaci.

Rolle delle Organizzazioni Non Governative

Le organizzazioni non governative (ONG) e altre entità della società civile spesso giocano un ruolo cruciale nel riempire i vuoti lasciati dalle infrastrutture di salute pubblica. Esplorare le sfide, i successi e i metodi impiegati da queste organizzazioni nel combattere il suicidio fornisce una prospettiva preziosa e offre un modello potenziale per ulteriori interventi a livello comunitario e globale.

Questioni Legali e Bioetiche

Affrontare le questioni legali e bioetiche legate al suicidio e alla prevenzione del suicidio, come la confidenzialità, il consenso informato, e le linee guida per i professionisti della salute mentale, è un altro aspetto fondamentale. Questo richiede di esplorare il bilanciamento tra il diritto all'autonomia del paziente e la responsabilità etica e legale del clinico di prevenire il danno.

Tecnologia e Prevenzione del Suicidio

L'intersezione tra tecnologia e suicidio offre una ricca area di esplorazione. Ciò include esaminare l'impatto dei social media sul suicidio e sul comportamento suicidario, e sfruttare la tecnologia per la prevenzione del suicidio, ad esempio attraverso app di benessere mentale, piattaforme online di supporto peer-to-peer, e intelligenza artificiale per l'identificazione dei segnali di avviso.

La Visione dei Professionisti

Comprendere e presentare le esperienze, le sfide e le strategie dei professionisti del settore sanitario che lavorano direttamente con individui suicidi. Questo può includere psicologi, psichiatri, lavoratori sociali e altro personale medico e paramedico. La loro prospettiva fornisce intuizioni preziose sulle sfaccettature pratiche e etiche della gestione e prevenzione del suicidio.

Storie di Speranza e Recupero

È fondamentale presentare non solo i fattori e le sfide associati al suicidio, ma anche storie di speranza, resilienza e recupero. Questo può servire a ispirare individui, famiglie e comunità, mostrando che il recupero è possibile e che il sostegno è disponibile.

Impatto del Suicidio sulle Comunità

Analizzare e descrivere l'ampio impatto del suicidio sulle comunità, e come queste possono lavorare proattivamente per implementare strategie preventive, fornire sostegno nel postvento e promuovere la resilienza e il benessere comunitario. Esplorare gli effetti dell'effetto domino di un suicidio sulle reti sociali e comunitarie fornisce una prospettiva ampia su quanto sia pervasiva l'impronta del suicidio. Esplorare ulteriormente queste diverse dimensioni fornirà una comprensione sempre più articolata e dettagliata delle molteplici sfaccettature e dei contesti relativi al suicidio e alla sua prevenzione, offrendo una base da cui attingere per costruire strategie preventive e supportive inclusive ed efficaci.

Concludendo la sezione relativa alle molteplici sfaccettature e dimensioni del suicidio e della sua prevenzione, è fondamentale sottolineare la necessità di un approccio olistico e multidisciplinare per affrontare questo problema in modo efficace. La varietà dei punti discussi riflette l'ampia rete di fattori che interagiscono per influenzare i comportamenti suicidari e la complessità intrinseca di queste dinamiche. La profondità e la portata delle tematiche evidenziano come il suicidio non sia solo un problema individuale, ma piuttosto un fenomeno complesso che si estende attraverso svariati livelli della società e interagisce con una miriade di fattori sociali, economici, culturali e individuali. La prevenzione del suicidio, pertanto, richiede un impegno collettivo e una risposta integrata che sia in grado di affrontare tutti questi diversi livelli e aspetti.

Le implicazioni culturali, l'accessibilità e la qualità dell'assistenza sanitaria, le politiche pubbliche, l'uso dei media e delle tecnologie, la lingua e la comunicazione utilizzate, gli aspetti legali e bioetici, le esperienze personali dei sopravvissuti e dei professionisti della salute, tutte contribuiscono a formare l'ecosistema in cui il suicidio e la prevenzione del suicidio sono inseriti. Ogni dimensione porta con sé sfide uniche ma anche opportunità per interventi e miglioramenti.

Quanto espresso precedentemente serve come un fondamento che pone le basi per un'esplorazione ulteriore e più dettagliata in ciascun settore e sottolinea l'importanza di creare connessioni tra questi diversi settori. La prevenzione del suicidio è di fatto una responsabilità condivisa, che richiede la collaborazione di individui, comunità, professionisti, organizzazioni e governi per sviluppare soluzioni adeguate e personalizzate alle diverse realtà.

La trama che collega tutti questi diversi punti è l'umanità: la necessità di rispondere con empatia, comprensione e azione attiva alle sofferenze degli individui e delle comunità. La nostra capacità di ascoltare, comprendere, e agire in modo consapevole e compassionevole sarà fondamentale per guidare gli sforzi futuri nella prevenzione del suicidio.

La profondità e l'ampiezza del dialogo attorno al suicidio e alla sua prevenzione sono un forte promemoria dell'importanza di mantenere la conversazione aperta, coinvolgente e in evoluzione. Sarà attraverso il dialogo continuo, la ricerca, la condivisione delle storie, e lo sviluppo e implementazione di strategie informate e incentrate sull'umano, che saremo in grado di avanzare collettivamente verso soluzioni più efficaci nella lotta contro il suicidio.

Questo ci guida verso l'importanza di continuare ad approfondire ciascuna delle tematiche e di esplorare nuove aree, mantenendo una prospettiva aperta e inclusiva, e riconoscendo la dignità e il valore intrinseco di ogni individuo.

Un libro che esplora questi temi deve farlo con cura, rispetto, e una profonda consapevolezza dell'importanza e della sensibilità del soggetto, cercando sempre di promuovere speranza, comprensione e azione positiva.

3. Fattori di Rischio • Identificare e discutere i principali fattori di rischio.

Fattori di Rischio e Prevenzione del Suicidio

Il suicidio è un fenomeno complesso e multifattoriale, implicante una vasta gamma di fattori di rischio che possono variare considerevolmente tra individui e contesti. Identificare e comprendere adeguatamente questi fattori è cruciale per sviluppare strategie di prevenzione efficaci e mirate.

Fattori Individuali

- **Salute Mentale**: La presenza di disturbi mentali, in particolare depressione e ansia, è fortemente correlata con un aumentato rischio di comportamenti suicidari.

- **Storia Personale**: Individui che hanno precedentemente tentato il suicidio sono a più alto rischio di riprovare.

- **Traumi e Abusi**: Esperienze di vita traumatiche, come abusi fisici o sessuali, possono accrescere il rischio suicidario.

- **Isolamento Sociale**: L'assenza di reti di sostegno o il sentirsi isolati può essere un significativo fattore di rischio.

Fattori Familiari

- **Storia Familiare**: Una storia familiare di suicidio o di problemi di salute mentale può aumentare il rischio.
- **Dinamiche Familiari**: Relazioni familiari tese o conflittuali possono contribuire al rischio suicidario.
Fattori Sociali e Culturali
- **Stigma**: Il peso dello stigma relativo alla salute mentale può impedire alle persone di cercare aiuto, exacerbando ulteriormente il rischio.
- **Pressione Sociale o Culturale**: Aspettative culturali o sociali elevate o restrittive possono accrescere lo stress e la percezione di fallimento.
Fattori Economici
- **Disoccupazione**: La perdita del lavoro o l'instabilità economica sono spesso correlate a un aumento del rischio suicidario.
- **Povertà**: Vivere in condizioni di povertà può esacerbare altri fattori di rischio e limitare l'accesso ai servizi di sostegno.
Fattori Ambientali
- **Accesso ai Mezzi**: La facilità di accesso a mezzi letali accresce il rischio di suicidi riusciti.
- **Esposizione al Suicidio**: Essere esposti al suicidio, direttamente o attraverso i media, può essere un fattore di rischio, specialmente tra giovani.

Fattori Biologici

- **Neurobiologia**: Alcuni aspetti della neurobiologia, come lo squilibrio dei neurotrasmettitori, possono avere un ruolo.
- **Genetica**: La predisposizione genetica può influenzare la vulnerabilità di un individuo al suicidio in presenza di altri fattori.

Prevenzione e Intervento

Identificazione Precoce

La comprensione e l'identificazione precoce dei fattori di rischio permettono un intervento tempestivo. La formazione di professionisti della salute, insegnanti e comunità nell'identificare segnali di allarme e nel fornire un adeguato sostegno può essere vitale.

Supporto e Trattamento

Assicurare l'accessibilità e l'efficacia del sostegno e dei trattamenti per la salute mentale è fondamentale. Ciò include la disponibilità di terapie, farmaci e supporto alla comunità.

Educazione e Consapevolezza

Promuovere una maggiore comprensione e consapevolezza dei fattori di rischio e dei modi in cui le persone possono cercare o offrire aiuto può contribuire a demistificare e destigmatizzare il suicidio.

Strategie Politiche

L'implementazione di politiche solide, basate sull'evidenza, per ridurre i fattori di rischio (ad es. limitare l'accesso ai mezzi letali, programmi di sostegno economico, ecc.) è cruciale.

L'analisi approfondita dei fattori di rischio e l'elaborazione di strategie preventive devono avvenire mantenendo un approccio empatico e centrato sull'individuo, riconoscendo l'unicità di ogni esperienza personale e il bisogno di soluzioni diversificate.

Esaminando ulteriormente i fattori di rischio del suicidio, emerge chiaramente come la sua comprensione e prevenzione vadano oltre la semplice identificazione dei segnali di avvertimento e l'intervento in situazioni di crisi. Profondizziamo alcuni aspetti.

Influenza della Tecnologia e dei Media

Nel contesto contemporaneo, la tecnologia e i media giocano un ruolo ineludibile nell'influenzare e modellare le norme sociali e i comportamenti individuali, inclusi quelli correlati al suicidio. Il modo in cui il suicidio è rappresentato nei media, sui social media e nelle piattaforme di streaming può avere un impatto sia positivo che negativo. L'effetto Werther, ad esempio, si riferisce al fenomeno di emulazione dei suicidi, in particolare tra giovani, a seguito della pubblicazione di storie di suicidio nei media. Al contrario, un reportage responsabile e attento può guidare l'opinione pubblica verso una maggiore consapevolezza e comprensione del suicidio e della sua prevenzione.

Intersezionalità dei Fattori di Rischio

Un'altra dimensione cruciale nella comprensione dei fattori di rischio è l'intersezionalità, ossia come diversi fattori (come età, genere, orientamento sessuale, razza, classe sociale, ecc.) si intersecano e interagiscono per aumentare il rischio di suicidio in certi gruppi. Ad esempio, le persone LGBTQ+ sperimentano tassi più alti di tentativi di suicidio rispetto ai loro coetanei cisgender e eterosessuali, dovuto in parte alla discriminazione, allo stigma e alle aggressioni che possono sperimentare.

Ambito Legislativo

Dal punto di vista legislativo, è essenziale valutare come le leggi e le politiche possano sia contribuire ai fattori di rischio che fornire un quadro per la prevenzione efficace del suicidio. Ad esempio, le leggi che promuovono la parità dei diritti e proteggono da discriminazioni e violenze possono ridurre alcuni fattori di rischio per le popolazioni vulnerabili. Allo stesso modo, le politiche che regolamentano l'accesso ai mezzi letali e promuovono l'accesso all'assistenza psicologica possono ridurre direttamente il rischio di suicidio.

Istituzioni Educative

Le istituzioni educative svolgono un ruolo centrale nell'identificazione e nella prevenzione del rischio suicidario nei giovani. L'integrazione della salute mentale nei curricoli scolastici, la formazione del personale scolastico e la disponibilità di servizi di sostegno all'interno del contesto educativo sono tutti elementi che possono costruire un ambiente più sicuro e supportivo.

Luogo di Lavoro

Anche il luogo di lavoro è un contesto vitale per la prevenzione del suicidio. I datori di lavoro devono essere equipaggiati per riconoscere i segnali di sofferenza tra i dipendenti e fornire canali di supporto. L'adozione di politiche aziendali di wellness, la disponibilità di programmi di assistenza ai dipendenti e un ambiente di lavoro inclusivo e supportivo possono funzionare come efficaci meccanismi di prevenzione.

Sistema Sanitario

Il ruolo del sistema sanitario non può essere sottolineato abbastanza: l'accessibilità, la qualità e la tempestività dell'assistenza sanitaria sono fondamentali per prevenire il suicidio. Qui l'attenzione non deve essere rivolta solo al trattamento dei disturbi mentali, ma anche all'assistenza integrata che indirizzi la complessità e l'interconnessione tra salute mentale e fisica.

Tutte queste sfaccettature illustrano la complessità e la molteplicità dei fattori di rischio per il suicidio. Esplorarli, comprenderli e integrarli in un quadro coerente per la prevenzione richiede un approccio olistico e multidisciplinare che leghi insieme vari settori e discipline, riconoscendo le unicità e le specificità dei vari gruppi e individui.

Ruolo delle Comunità Locali

Le comunità locali rappresentano un fondamento cruciale per la prevenzione del suicidio, offrendo reti di sostegno e risorse che possono agire come tamponi contro i fattori di rischio. Creare spazi sicuri, accessibili e inclusivi in cui gli individui possano condividere le proprie esperienze, preoccupazioni e stress può contribuire significativamente a mitigare il senso di isolamento e disperazione che spesso accompagna i pensieri suicidari.

Cyberbullismo

Con la crescente pervasività del mondo digitale, il cyberbullismo è emerso come un fattore di rischio significativo, specialmente tra i giovani.

La pressione dei coetanei, l'umiliazione e l'isolamento spesso risultanti dal cyberbullismo possono esacerbare stress e ansia, creando un ambiente virtuale avvelenato che può contribuire ad aumentare il rischio di comportamenti suicidari.

Interventi Farmacologici

L'approccio farmacologico per la gestione dei disturbi mentali, che spesso svolgono un ruolo nei comportamenti suicidari, merita una considerazione dettagliata. Sebbene la terapia farmacologica sia essenziale per la gestione di certe condizioni, è anche imperativo esaminare gli effetti collaterali, la compliance del paziente e la capacità del sistema sanitario di monitorare e sostenere gli individui nel loro percorso terapeutico.

La Stagionalità del Suicidio

L'analisi dei dati di suicidio ha indicato tendenze stagionali nel suicidio che meritano ulteriori investigazioni. Ad esempio, in alcune regioni, i tassi di suicidio tendono ad aumentare durante specifici periodi dell'anno, come la primavera e l'estate. Capire le ragioni sottostanti a questi modelli può offrire intuizioni preziose per focalizzare gli interventi preventivi nei momenti più critici.

Influenza della Salute Fisica

La connessione tra la salute fisica e la salute mentale è un altro elemento da esplorare più approfonditamente. Malattie croniche, dolore persistente e altre sfide alla salute fisica possono erodere la qualità della vita e influenzare negativamente il benessere psicologico, potenziando così il rischio suicidario.

Il Suicidio negli Anziani

Gli anziani costituiscono una popolazione particolarmente a rischio, spesso trascurata nelle discussioni sul suicidio. L'isolamento sociale, le malattie croniche, la perdita del coniuge o degli amici e la limitata accessibilità all'assistenza sanitaria e al supporto psicologico sono alcuni dei fattori che possono elevare il rischio suicidario in questa fascia demografica.

Uso di Sostanze e Dipendenze

L'uso problematico di sostanze, incluso l'abuso di alcol e droghe, è strettamente legato al suicidio. La dipendenza può essere sia un predittore che un prodotto di disagio mentale e richiede un'attenzione particolare nell'elaborazione di strategie di prevenzione.

Disparità Geografiche

Esaminare le disparità geografiche nel suicidio può offrire spunti preziosi sulla variabilità dei fattori di rischio e sulla necessità di strategie di prevenzione localizzate. Regioni remote o rurali spesso mostrano tassi di suicidio più elevati rispetto alle aree urbane, potenzialmente legati a fattori come isolamento, limitato accesso ai servizi e pressioni economiche.

La continua e approfondita esplorazione di tutti questi fattori illustra che la prevenzione del suicidio è un'impresa complessa e molteplice. Non c'è una "taglia unica" per le strategie di prevenzione, ma piuttosto un mosaico di interventi che necessitano di essere calibrati per soddisfare le specificità di vari individui, comunità e contesti.

Relazioni Sociali e Supporto

Il tessuto delle relazioni sociali e il supporto comunitario sono dimensioni essenziali da sondare nell'ambito dei fattori di rischio. Le reti di sostegno sociale possono offrire un cuscino contro il disagio psicologico e la disperazione. Indagare sul modo in cui le dinamiche sociali, come l'isolamento, la marginalizzazione e l'esclusione, influenzano la vulnerabilità al suicidio è quindi cruciale.

Metodi di Prevenzione

La prevenzione del suicidio non è solo una questione di intervento diretto, ma anche di attuazione di strategie preventive che includono l'educazione sulla salute mentale, la promozione della resilienza e il supporto nei contesti di vita quotidiana delle persone. Valutare quali metodi siano efficaci, in quali contesti e con quali individui o gruppi è essenziale per modellare approcci preventivi efficaci.

Trattamento della Salute Mentale

L'accessibilità e l'efficacia del trattamento della salute mentale sono questioni centrali. Da esaminare non sono solo la disponibilità e l'accesso ai servizi, ma anche la qualità del trattamento offerto, la stigmatizzazione che può accompagnare la richiesta di aiuto e la coerenza con cui le strategie di trattamento vengono applicate e monitorate.

Stress Ambientale e Socioeconomico

Esplorare come lo stress ambientale e socioeconomico contribuisca ai fattori di rischio suicidario è vitale. Ad esempio, le pressioni economiche, come la disoccupazione o la precarietà finanziaria, hanno mostrato di aumentare il rischio di suicidio. Analogamente, eventi traumatici a livello di comunità, come disastri naturali o crisi socio-economiche, possono incrementare il disagio collettivo e individuale.

Spiritualità e Credenze Culturali

Anche la spiritualità e le credenze culturali giocano un ruolo importante nel modellare l'atteggiamento e le risposte al suicidio. In alcune culture o comunità religiose, il suicidio può essere percepito in modo diverso e influenzare sia i pattern che le risposte ai comportamenti suicidari.

Guerra e Conflitti

L'esperienza di guerra, sia per i militari che per i civili, presenta un marcato incremento nei rischi associati al suicidio. Le implicazioni del trauma, della perdita e del disturbo post-traumatico da stress devono essere esplorate in modo approfondito per comprendere come migliorare il sostegno per queste popolazioni.

Genetica e Biologia

La genetica e la biologia svolgono un ruolo insidioso nei comportamenti suicidari. Gli studi sull'ereditabilità del suicidio e sulla suscettibilità biologica al disagio psichico offrono spunti rilevanti su come fattori innati possano interagire con esperienze di vita per influenzare il rischio.

Risorse e Strumenti di Valutazione

La disponibilità e l'utilizzo di strumenti di valutazione e screening per identificare i rischi di suicidio è un'altra area fondamentale. La capacità di individuare precocemente gli individui a rischio e di fornire interventi tempestivi può essere significativamente migliorata attraverso l'uso di strumenti validati e pratiche basate sull'evidenza.

Politiche Pubbliche di Salute Globale

A livello macro, l'architettura delle politiche pubbliche e delle strategie di salute globale inerenti la prevenzione del suicidio necessita di un'analisi approfondita. Osservare come le diverse nazioni e organizzazioni internazionali stanno rispondendo alla sfida del suicidio può offrire lezioni preziose per la formazione di approcci comprensivi ed efficaci. L'esplorazione di questi aspetti e delle loro sottigliezze amplifica la comprensione della complessa matrice di fattori che convergono nel rischio suicidario. Ogni strato che viene svelato fornisce ulteriori opportunità per sviluppare, affinare e personalizzare gli interventi preventivi, riflettendo la complessità e l'individualità dell'esperienza umana.

Conclusione: Fattori di Rischio e Prevenzione del Suicidio

L'indagine sui fattori di rischio per il suicidio ha rivelato una tela intricata e multiforme di elementi che, singolarmente o in combinazione, possono innalzare la vulnerabilità di un individuo al suicidio. I fattori discusso sinora – dalle relazioni sociali alla spiritualità, dallo stress socioeconomico all'accesso alle cure, dalla genetica ai conflitti bellici – non solo evidenziano la varietà delle aree da considerare nell'indirizzare le strategie preventive, ma anche rivelano la necessità di adottare un approccio olistico, che onori e affronti la complessità umana in tutte le sue sfaccettature.

Un punto focale che emerge in modo pregnante da questa esplorazione è l'interconnessione pervasiva tra i vari fattori di rischio. L'impoverimento economico può esacerbare l'isolamento sociale; lo stress traumatico può accelerare l'uso di sostanze; la stigmatizzazione culturale può impedire l'accesso al trattamento della salute mentale, e così via. In tale contesto, non si può perdere di vista l'importanza di sviluppare interventi che operino su più livelli, targettizzando diversi fattori contemporaneamente.

Le implicazioni per la prevenzione del suicidio sono chiare: occorre non solo una migliore comprensione dei fattori di rischio e delle loro interazioni, ma anche uno sforzo coordinato da parte delle comunità, degli enti pubblici e delle organizzazioni per implementare strategie preventive che siano tanto inclusive quanto possibili. L'implementazione di politiche pubbliche, programmi comunitari, risorse e strumenti di valutazione devono andare di pari passo con una cultura della salute mentale ben informata, compassionevole e proattiva. L'educazione gioca un ruolo cruciale in questo contesto, e non solo nel senso di ampliare la consapevolezza sul suicidio e sulla salute mentale. Educazione qui significa anche costruire competenze di vita, rafforzare la resilienza, promuovere l'alfabetizzazione emotiva, e capacità di coping in maniera che le persone possano navigare attraverso le sfide della vita con una robusta rete di sicurezza psicologica.

Nel futuro della prevenzione del suicidio, la ricerca dovrebbe continuare a esplorare e svelare le dinamiche sottostanti i vari fattori di rischio, così come le potenziali strategie d'intervento. Inoltre, la costruzione di ponti tra la ricerca accademica, la pratica clinica, le politiche pubbliche e le esperienze individuali sarà vitale per assicurare che le strategie preventive siano tanto radicate nella scienza quanto nel contesto umano.

Infine, ogni sforzo volto alla prevenzione del suicidio deve essere impregnato di un profondo rispetto per la dignità umana e un impegno irremovibile per sostenere la vita nelle sue più varie espressioni. In un tale impegno risiede la chiave per sviluppare strategie che non solo identifichino e diminuiscano i fattori di rischio, ma che innalzino anche i fattori protettivi, incoraggiando l'emergere di comunità resilienti e compassionevoli.

4. Segni di Allarme • Cosa guardare e come riconoscere i segni premonitori.

Segni di Allarme: Aspetti Preliminari
Riconoscere i segni di allarme di pensieri suicidari in una persona è un passo fondamentale e proattivo per intraprendere misure preventive e forse salvare una vita. I segni premonitori possono variare ampiamente da individuo a individuo e potrebbero manifestarsi attraverso cambiamenti comportamentali, emotivi, o attraverso comunicazioni esplicite o velate. Ecco alcune dimensioni e aspetti cruciali che spesso emergono come indicatori di un possibile pericolo:
Comunicazione Verbale o Scritta
- **Espressioni Dirette**: Dichiarazioni come "Voglio morire" o "Non posso andare avanti".
- **Espressioni Indirette**: Frasi come "Non saro' un problema per molto tempo" o "Sarebbe meglio senza di me".
- **Pianificazione**: Parlare di metodi, luoghi, o lasciare messaggi d'addio.
Cambiamenti Comportamentali
- **Ritiro Sociale**: Isolamento da amici, famiglia e attività che un tempo erano fonte di gioia.

- **Comportamenti a Rischio**: Aumento di comportamenti pericolosi o autodistruttivi.
- **Preparativi Finali**: Organizzare affari personali, fare testamento, regalare oggetti di valore.

Variazioni dell'Umore e dello Stato Emotivo

- **Disperazione**: Sensazione di non avere via d'uscita o di essere intrappolati in una situazione senza speranza.
- **Apatia**: Perdita di interesse verso attività un tempo appassionanti.
- **Irritabilità**: Aumento della rabbia e della frustrazione.

Modifiche nel Sonno e nell'Appetito

- **Insonnia**: Difficoltà a prendere sonno o svegliarsi frequentemente durante la notte.
- **Iperfagia o Anoressia**: Mangiare troppo o troppo poco, rispetto alle abitudini precedenti.

Distress Psicologico

- **Ansia**: Aumento dell'ansia o presenza di attacchi di panico.
- **Depressione**: Sentimenti persistenti di tristezza o apatia.

Fattori Contestuali

- **Crisi Recenti**: Qualsiasi evento stressante o traumatizzante recente.
- **Storia Familiare**: Antecedenti familiari di suicidio o di malattia mentale.

Come Interpretare e Rispondere

La sfida nel riconoscere e rispondere ai segni di allarme risiede spesso nell'essere in grado di interpretare segnali che possono essere sottili o facilmente fraintesi e adottare un approccio di risposta che sia adeguato, tempestivo e rispettoso. La capacità di fornire un sostegno empatico, di indirizzare verso risorse adeguate e professionali, e di mantenere una presenza stabile e non giudicante può essere fondamentale.

È importante, tuttavia, sottolineare che la presenza di uno o più di questi segni non significa automaticamente che un individuo stia contemplando il suicidio: essi sono indicatori che possono suggerire la necessità di ulteriori indagini e supporto. L'approfondimento dell'argomento, le conversazioni e l'educare la comunità su come riconoscere e rispondere a questi segni può contribuire alla costruzione di un ambiente sicuro e di sostegno per tutti.

In questo quadro, sviluppare un ambiente in cui si promuove la comunicazione aperta sull'argomento, in cui si erode lo stigma associato alle crisi di salute mentale e in cui si offre sostegno concreto e soluzioni orientate all'azione è cruciale. Nelle seguenti sezioni del libro, sarà essenziale affrontare come promuovere questi aspetti e come implementare pratiche di

intervento basate su solidi fondamenti scientifici
e umanistici.

Approfondimento sui Segni di Allarme e la Complessità dell'Intervento

Nella prevenzione del suicidio, uno degli aspetti critici riguarda la complessità della gestione dei segni di allarme. L'intervento deve essere guidato da una profonda comprensione del disagio psicologico e delle sue manifestazioni, che spesso sono intrinsecamente legate al contesto sociale, culturale, e individuale di ogni persona.

Approccio Personalizzato

È essenziale comprendere che i segni di allarme possono manifestarsi diversamente da individuo a individuo, in quanto ogni persona esprime il proprio dolore in maniere uniche e spesso profondamente personali. Anche le risposte a questi segni, quindi, devono essere adattate in modo da rispettare la specificità di ogni singolo caso.

Contestualizzazione Culturale e Sociale

Inoltre, la percezione e la manifestazione del dolore psicologico sono profondamente influenzate dal contesto culturale e sociale. In alcune culture, esprimere apertamente il proprio disagio potrebbe essere meno accettato, e quindi i segni di allarme potrebbero essere più sottili o manifestarsi attraverso comportamenti indiretti.

La consapevolezza e la sensibilità culturale sono quindi fondamentali per identificare e interpretare correttamente i segni di allarme in diversi contesti sociali e culturali.

Sensibilità all'Età e al Genere

È fondamentale anche una sensibilità specifica rispetto alle diverse fasce d'età e al genere. Ad esempio, i giovani potrebbero esprimere il loro malessere attraverso comportamenti impulsivi o attraverso l'uso di social media, mentre gli anziani potrebbero mostrare ritiro sociale o apatia. I maschi spesso esprimono il loro dolore in maniera diversa rispetto alle femmine, a causa di differenze culturali e sociali nell'espressione delle emozioni e del dolore.

Doppia Diagnosi e comorbidità

Altresì, quando si parla di segni di allarme, non si può tralasciare la discussione sulla comorbidità e sulla doppia diagnosi. Spesso, individui che lottano con il suicidio possono anche avere problemi con sostanze o affrontare simultaneamente più sfide relative alla salute mentale. Il modo in cui questi diversi fattori interagiscono e si influenzano a vicenda è un territorio complesso e richiede una profonda comprensione e un approccio olistico da parte dei professionisti coinvolti.

Ambito Legale e Etico

Inoltre, l'ambito legale ed etico dell'intervento in situazioni di crisi suicidaria richiede una navigazione attenta. Assicurarsi che l'individuo riceva il supporto necessario rispettando al contempo i suoi diritti e la sua autonomia è essenziale. Ciò può includere il dovere di protezione, questioni relative alla riservatezza e alla condivisione delle informazioni, e assicurarsi che gli interventi siano effettuati nel miglior interesse della persona.

Creazione di Reti di Sostegno

La creazione di reti di sostegno solide e affidabili è un ulteriore pilastro fondamentale nel campo della prevenzione del suicidio. Assicurarsi che le persone attorno all'individuo in crisi siano informate, supportate e capaci di fornire un aiuto efficace è vitale. Questo può coinvolgere la famiglia, gli amici, i colleghi, e anche i servizi di emergenza e i professionisti del settore.

Questi sono solo alcuni degli aspetti che evidenziano quanto sia multiforme e sfaccettata la questione della prevenzione del suicidio e dell'intervento in presenza di segni di allarme. Nelle successive sezioni, si potrà indagare ulteriormente ogni singolo aspetto e costruire strategie concrete basate su un amalgama di ricerca scientifica e sensibilità umana, sempre con l'obiettivo supremo di preservare e tutelare la vita umana.

La Dimensione Tecnologica e Virtuale dei Segni di Allarme

Tracce Digitali e Social Media

Nell'era digitale, i segni di allarme possono manifestarsi anche online. Post, commenti, e comportamenti nei social media possono rivelare molto riguardo allo stato mentale di un individuo. Ad esempio, la pubblicazione di contenuti oscuri, messaggi crittici verso se stessi o addirittura di addii potrebbero essere indicatori cruciali di un disagio che sfocia in pensieri suicidari. Anche in questo contesto, è vitale riconoscere la gravità delle espressioni online e non sottovalutarle.

Cyberbullismo e Isolamento Online

Il mondo virtuale può anche essere una sorgente di isolamento o bullismo, entrambi fattori che possono esacerbare il rischio di suicidio. Il cyberbullismo, in particolare, è stato collegato a numerosi casi di suicidio tra adolescenti e giovani adulti. La connessione tra l'ambiente online e il benessere mentale è quindi un tema che merita un'attenzione specifica, con approfondimenti su come i comportamenti online possano sia riflettere che influenzare lo stato psicologico di un individuo.

Utilizzo di App e Piattaforme di Supporto Online

L'ambiente online, tuttavia, non è solo una sorgente di rischi, ma anche un potenziale veicolo di aiuto. App e piattaforme online possono essere utilizzate per fornire supporto, sia in termini di interazioni umane che di accesso a risorse utili. Analizzare e comprendere il miglior modo di integrare le tecnologie nel percorso di prevenzione e intervento è quindi fondamentale, mantenendo però una visione critica sull'efficacia e sulla sicurezza di tali strumenti.

L'Importanza del Follow-Up e del Monitoraggio Continuativo

Interventi Post-Crisi

Il periodo successivo a una crisi suicidaria è di fondamentale importanza. L'individuo può sentirsi temporaneamente sollevato o ancora altamente vulnerabile. La qualità e la continuità dell'intervento, anche dopo che la crisi immediata è stata gestita, è cruciale per assicurare un supporto duraturo.

Creare Percorsi di Cura Continuativa

Stabilire percorsi di cura che assicurino un monitoraggio regolare e un supporto continuativo è essenziale. Questo può includere terapie, gruppi di supporto, e anche controlli regolari da parte di professionisti della salute mentale o figure di supporto affidabili.

Gestione a Lungo Termine del Rischio

Il rischio suicidario non sempre è un fenomeno temporaneo. Molte persone possono vivere periodi di crisi alternati a periodi di apparente miglioramento. La gestione del rischio a lungo termine e la creazione di un piano di sicurezza e di gestione delle crisi futuro sono quindi componenti vitali del percorso di cura.

Educazione e Formazione della Comunità

Workshop e Corsi per la Comunità

Educare la comunità, includendo scuole, luoghi di lavoro, e gruppi sociali, a riconoscere e rispondere ai segni di allarme è essenziale. Creare workshop e corsi di formazione può aiutare a diffondere una maggiore consapevolezza e a fornire strumenti pratici per intervenire quando necessario.

Promuovere la Cultura dell'Ascolto

Sviluppare una cultura dell'ascolto, dove le persone si sentono libere e sicure di esprimere i propri sentimenti e pensieri senza timore di giudizio, è fondamentale. La disponibilità ad ascoltare attivamente e con empatia può contribuire significativamente a creare un ambiente sicuro e di supporto per tutti.

In queste dimensioni, il percorso di scrittura continua, esplorando la miriade di aspetti, sfaccettature, e sfide che la prevenzione del suicidio presenta, con l'obiettivo di fornire un manuale che sia tanto esaustivo quanto pratico, ed equipaggiare ogni lettore con la conoscenza e la comprensione per fare una differenza significativa nella lotta contro il suicidio.

Coinvolgimento delle Istituzioni e Politiche di Prevenzione

Partenariati con Enti Sanitari e Organizzazioni Non Profit

L'interazione e la collaborazione con enti sanitari, scolastici, e organizzazioni non profit sono fondamentali per costruire un sistema di prevenzione del suicidio solido e coeso. L'approccio alla prevenzione del suicidio può essere significativamente amplificato attraverso strategie congiunte, condivisione di risorse, e pianificazione coordinata tra diverse entità.

Implementazione di Programmi Scolastici

Le scuole svolgono un ruolo centrale, specialmente per i giovani. Implementare programmi di educazione alla salute mentale e al benessere, oltre a creare spazi sicuri dove gli studenti possano esprimere liberamente i propri pensieri e sentimenti, è cruciale.

Creazione di Linee Guida per i Media

L'approccio dei media alla questione del suicidio deve essere maneggiato con estrema attenzione per prevenire effetti nocivi come il contagio suicidario. Stabilire linee guida chiare e informative per i media su come comunicare i casi di suicidio, evitando dettagli sensazionalistici o graphic details, è imperativo.

Aspetti Economici e Accesso alle Cure

Barriere Economiche e Accesso alla Terapia

La questione economica è un aspetto da non sottovalutare nella prevenzione del suicidio. Le barriere finanziarie spesso impediscono l'accesso a cure adeguate. Sviluppare modelli economicamente accessibili e sostenibili di terapia e sostegno psicologico è essenziale per garantire che più individui possano ricevere l'aiuto di cui hanno bisogno.

Assicurazione e Copertura Sanitaria

Navigare nel complesso mondo delle assicurazioni e delle coperture sanitarie può risultare spesso ostico per chi è già in una situazione di vulnerabilità. Strutturare e semplificare i processi burocratici e garantire una copertura adeguata sono passaggi chiave per assicurare un'assistenza efficace e tempestiva.

Supporto alle Famiglie e alle Reti di Prossimità

Gruppi di Sostegno per Familiari e Amici

Gli individui che si trovano a supportare una persona in crisi suicidaria possono essi stessi vivere momenti di stress significativo e necessitare di un supporto. Creare gruppi di sostegno e percorsi formativi per amici e familiari è di fondamentale importanza per sostenere una rete di aiuto efficace e resilienti.

Educazione al Lutto e Assistenza Post-Suicidio

Il suicidio lascia dietro di sé una scia di dolore. Fornire sostegno adeguato a coloro che sono stati toccati dalla perdita, offrendo spazi di condivisione, supporto psicologico e assistenza nel percorso di lutto è essenziale.

Coinvolgimento dei Pazienti e Centratura della Persona

Storie di Vita e Testimonianze

Incorporare le storie di chi ha vissuto esperienze di crisi suicidaria, nonché delle loro reti di supporto, può fornire spunti preziosi per capire i bisogni reali, le sfide e i punti di forza delle strategie esistenti.

Coinvolgimento Attivo e Partecipato dei Pazienti

Includere attivamente le persone con esperienza di suicidio nelle fasi di pianificazione, implementazione, e valutazione delle strategie di prevenzione permette di mantenere un focus reale sui bisogni della persona e assicura che le strategie siano rispettose e realmente efficaci.

L'esplorazione dei temi citati continua, in un percorso che si immerge nelle profondità e nei molteplici strati di complessità della prevenzione del suicidio. In ogni aspetto esplorato, la necessità di un approccio umanistico, basato sul rispetto, sull'ascolto, e sulla validazione dell'esperienza vissuta, si intreccia con la rigorosa applicazione di principi e strategie basate sull'evidenza scientifica. Ogni punto, una tappa in un viaggio attraverso la comprensione e l'applicazione pratica di strategie per salvare vite.

Cultura dell'Ascolto e Ambiente di Supporto

Ascolto Attivo e Comunicazione Empatica
Promuovere una cultura dell'ascolto all'interno delle comunità e delle istituzioni rappresenta una strategia essenziale. Abilità come l'ascolto attivo e la comunicazione empatica devono essere enfatizzate e sviluppate attraverso formazioni specifiche, al fine di creare ambienti sicuri in cui le persone si sentano ascoltate, comprese e sostenute.
Ambiente Sicuro e Libero da Stigma
Ridurre il stigma associato ai problemi di salute mentale e alle crisi suicidarie richiede uno sforzo concertato per sviluppare ambienti che promuovano apertura, accettazione e non-giudizio. Ciò coinvolge la disseminazione di informazioni corrette e il confronto aperto su temi spesso avvolti da pregiudizi e misconoscimenti.

Formazione e Competenze per Professionisti e Comunità

Addestramento per Professionisti della Salute Mentale

Assicurarsi che i professionisti operanti nel campo della salute mentale abbiano formazione e competenze aggiornate rispetto ai temi del suicidio e delle crisi ad esso correlate è fondamentale. Ciò implica un'educazione continua e lo sviluppo di abilità specifiche, quali la valutazione del rischio suicidario e l'applicazione di interventi mirati.

Formazione delle Comunità Locali

Le comunità giocano un ruolo vitale nel sostegno ai loro membri. La formazione su temi legati alla salute mentale e al sostegno psicologico dovrebbe essere estesa anche ai membri delle comunità, facilitando così l'accesso a informazioni accurate e promuovendo una rete di assistenza capillare e inclusiva.

Innovazione e Tecnologia nell'Approccio alla Prevenzione

Utilizzo di Tecnologie e Piattaforme Digitali

L'impiego di tecnologie e piattaforme digitali può amplificare l'efficacia delle strategie di prevenzione, facilitando l'accesso a risorse e supporto per chi può essere riluttante o incapace di cercare aiuto di persona. Le app, i chatbot e le piattaforme online possono offrire strumenti di self-help e costituire portali per accedere a servizi professionali.

Big Data e Analisi Predittiva

L'utilizzo etico e responsabile di big data e intelligenza artificiale può contribuire all'identificazione di pattern e alla predizione di crisi, permettendo un intervento proattivo e personalizzato. La combinazione di analisi dati con approcci umanistici può portare a strategie integrate, accrescendo l'efficacia delle misure di prevenzione.

Ricerca e Sviluppo

Investimenti in Ricerca Scientifica

La prevenzione del suicidio necessita di essere costantemente alimentata e affinata attraverso la ricerca scientifica. Investire in studi che esplorino le cause, i meccanismi e gli interventi più efficaci è essenziale per costruire politiche e prassi basate su evidenze.

Collaborazione tra Ricercatori e Pratici

L'integrazione tra la ricerca accademica e la pratica sul campo è cruciale. Creare spazi e reti che facilitino il dialogo e la collaborazione tra ricercatori e professionisti può massimizzare l'efficacia delle scoperte scientifiche, traducendole in applicazioni concrete e tangibili. Il tessuto che compone l'approccio alla prevenzione del suicidio è, quindi, incredibilmente variegato, richiedendo una tessitura attenta di diversi fili di conoscenza, competenza e umanità. Ogni angolo di questo vasto panorama presenta opportunità per ampliare, approfondire e personalizzare gli sforzi di prevenzione, rendendo la battaglia contro il suicidio sempre più sofisticata, incisiva e umanamente connessa.

In una trattativa altamente delicata e significativa come quella della prevenzione del suicidio, una comprensione solida e multidimensionale dei segni di allarme è impresa cruciale. È essenziale riconoscere che la percezione di questi segni può variare considerevolmente a seconda dei contesti culturali, sociali, e individuali, richiedendo un approccio olistico e culturalmente competente. Gli ambienti in cui viviamo, lavoriamo e interagiamo, giocano un ruolo fondamentale nel modellare sia il nostro benessere mentale che le nostre risposte agli stress e alle crisi.
Il riconoscimento precoce dei segni premonitori non è solo un'abilità da sviluppare, ma un impegno etico e morale. Tale processo inizia con la creazione di spazi comunicativi aperti e non giudicanti, in cui gli individui si sentano validati nelle loro esperienze e sentimenti. Inoltre, la consapevolezza e l'educabilità pubblica, nei contesti scolastici, lavorativi e comunitari,

dovrebbero essere potenziate per diffondere conoscenze accurate e destigmatizzare i dialoghi legati alla sofferenza mentale e all'autolesionismo.

I segni di allarme devono poi essere integrati in un sistema di riferimento e di intervento tempestivo, dove la formazione professionale e comunitaria converge verso reti di supporto efficaci. Da un lato, i professionisti della salute mentale devono avere le competenze per interpretare e rispondere a questi segni in modo appropriato e rispettoso. Dall'altro, la società nel suo insieme deve diventare abile nel riconoscere e indirizzare adeguatamente coloro che mostrano segni di lotta interna.

Nella società contemporanea, l'impiego di tecnologie emergenti e di piattaforme digitali, se usate con attenzione ed etica, potrebbe potenzialmente servire come uno strumento vitale nel monitoraggio e nella risposta ai segni di allarme del suicidio, fornendo canali di supporto alternativi e accessibili.

Inoltre, un'attenzione particolare deve essere rivolta alle popolazioni ad alto rischio e a quelle marginalizzate, assicurando che i sistemi di identificazione e intervento siano inclusivi e equi, attenti alle sfumature e alle specificità di differenti esperienze e sfide.

L'ultima nota sottolinea l'importanza di un'approccio centrato sulla comprensione e l'empatia: le persone che mostrano segni di allarme devono essere accolte con una risposta che enfatizzi il supporto, il rispetto e la cura, piuttosto che il giudizio o la patologizzazione. In conclusione, il riconoscimento dei segni di allarme del suicidio non è solo un atto clinico o un'abilità tecnica, ma un gesto profondamente umano, radicato nella capacità di vedere, ascoltare e rispondere con compassionevole attenzione alle sofferenze altrui. Sviluppare ambienti, competenze e sistemi che facilitino queste connessioni umane e che forniscano risorse tangibili e sostegno, è un passo fondamentale verso una prevenzione del suicidio più efficace, attenta e umanistica.

5. Fattori Protettivi • Quali sono e come possono essere rafforzati.

Fattori Protettivi: Fondamenta Cruciali per la Prevenzione del Suicidio

1. Connettere Comunità e Individui:

- **Connettere le Persone:** Creare e mantenere connessioni positive e significative con gli altri può agire come un solido muro di contenzione contro il suicidio. Le relazioni positive, sia all'interno delle famiglie che tra amici e coetanei, possono fornire un sostegno vitale e un senso di appartenenza.

- **Reti di Supporto Comunitario:** Comunità solidali e coesive, che favoriscono un senso di appartenenza e inclusione, possono agire come un fattore protettivo importante, specialmente nei momenti di crisi individuale e collettiva.

2. Salute Mentale e Fisica:

- **Accesso alla Cura della Salute Mentale:** Garantire accesso tempestivo e qualificato ai servizi di salute mentale, affinché le persone possano ricevere aiuto quando ne hanno bisogno, rappresenta un pilastro nella prevenzione del suicidio.

- **Promozione di uno Stile di Vita Sano:** Sostenere uno stile di vita fisicamente sano, che comprenda esercizio fisico, nutrizione adeguata e sonno sufficiente, contribuisce non solo al

benessere fisico, ma anche a quello mentale e
emotivo.

3. Competenze Personali e di Vita:

- **Resilienza:** Sviluppare la resilienza, ovvero la capacità di far fronte positivamente alle avversità, è fondamentale per navigare attraverso gli ostacoli e le sfide della vita.

- **Abilità di Problem Solving:** Promuovere le competenze legate alla risoluzione dei problemi e alla gestione dello stress aiuta gli individui a affrontare le sfide quotidiane e a mitigare i sentimenti di disperazione e sofferenza.

4. Ambienti Sicuri e Sostenitivi:

- **Ambiente Familiare Positivo:** Un ambiente familiare caratterizzato da amore, comprensione e sostegno costante fornisce una base sicura da cui gli individui possono attingere nei momenti difficili.

- **Scuole e Luoghi di Lavoro Supportivi:** Creare scuole e luoghi di lavoro che siano mentalmente sani e supportivi, implementando politiche che promuovano il benessere mentale e che prevengano la discriminazione e il bullismo, è fondamentale.

5. Educazione e Awareness:

- **Educazione alla Salute Mentale:** L'educazione riguardante i temi della salute mentale, che aumenta la consapevolezza e riduce lo stigma associato, può facilitare un dialogo aperto e onesto.

- **Formazione alla Prevenzione del Suicidio:** Programmi formativi che forniscano alle persone gli strumenti per identificare i segni di suicidio e per intervenire in modo appropriato possono salvare vite.

6. **Politiche e Interventi Strategici:**

- **Politiche di Prevenzione Efficaci:** Implementare e sostenere politiche di prevenzione del suicidio, che si estendano attraverso vari settori e livelli di società, è indispensabile per creare un impatto sostenibile.
- **Promozione della Ricerca:** Favorire la ricerca sulla prevenzione del suicidio e sui fattori protettivi, garantendo che le politiche e gli interventi siano basati su prove concrete ed evidenze scientifiche.

Tutti questi fattori, quando rafforzati e interconnessi, possono costituire una rete di sicurezza robusta, che non solo mitiga i fattori di rischio ma eleva anche la qualità della vita degli individui. Attraverso un'integrazione metodica di queste componenti in vari aspetti della società, possiamo avanzare verso una prevenzione del suicidio che sia profondamente radicata nelle strutture della nostra collettività, costruendo un futuro dove il sostegno è ubiquo, accessibile e conformato in maniera ad accogliere le unicità e la diversità delle esperienze individuali.

Ampliando ulteriormente i Fattori Protettivi

7. Cultura della Condivisione e Dialogo:

- **Promozione del Dialogo Aperto:** Incoraggiare una cultura in cui le persone si sentano libere di parlare delle proprie esperienze emotive e mentali senza paura di stigmatizzazione costruisce una società più empatica e sostenitiva.

- **Peer Support:** Facilitare e valorizzare i gruppi di supporto tra pari, dove le persone possono condividere esperienze e strategie di coping, generando un senso di comunità e comprensione mutua.

8. Inclusività e Diversità:

- **Rispetto della Diversità:** Un approccio che abbracci e celebri la diversità, inclusi etnia, orientamento sessuale, identità di genere e abilità, consolida una società inclusiva e accogliente.

- **Politiche Inclusive:** Politiche che promuovano equità e giustizia, garantendo che ogni individuo, indipendentemente dal suo background o stato, abbia accesso a opportunità e risorse equivalenti.

9. **Rinforzo di Rete Sociale e Familiare:**

- **Programmi per Famiglie:** Interventi e programmi mirati a rafforzare le dinamiche familiari positive e a promuovere pratiche genitoriali efficaci possono fungere da barriera contro i comportamenti suicidari.
- **Community Building:** Iniziative comunitarie che incentivano la creazione di reti sociali forti, attraverso eventi, workshop e altre attività, rinforzano i legami comunitari e forniscono ulteriori strati di supporto.

10. **Ottimizzazione dei Servizi Esistenti:**

- **Rendere i Servizi Più Accessibili:** Migliorare l'accessibilità e la disponibilità dei servizi di salute mentale, riducendo barriere come costi, localizzazione e attese, è vitale.
- **Tecnologie per la Salute Mentale:** Utilizzo innovativo delle tecnologie, come app di benessere mentale o piattaforme online, che possono offrire supporto immediato o fare da ponte durante l'attesa di servizi clinici.

11. **Lavoro Multidisciplinare:**

- **Approccio Olistico alla Cura:** Un modello di assistenza che integra professionisti di diversi settori (psicologi, psichiatri, assistenti sociali, ecc.) può fornire un supporto più olistico e adattato alle necessità individuali.
- **Collaborazione tra Settori:** Collaborazioni tra settori diversi, come sanità, educazione, e

servizi sociali, possono generare un approccio integrato e multiprospettico alla prevenzione del suicidio.

12. **Risorse e Strumenti Educativi:**

- **Materiali Educativi:** La creazione e distribuzione di materiali educativi e informativi su salute mentale e prevenzione del suicidio aumentano la consapevolezza e forniscono risorse utili per la comunità.

- **Workshop e Seminari:** Organizzare workshop e seminari per educare le persone su argomenti correlati al benessere mentale e prevenzione del suicidio, fornendo competenze vitali in modi interattivi e coinvolgenti.

Ogni punto sopra menzionato può essere approfondito ulteriormente per esplorare tutte le sottocategorie e i sotto-temi pertinenti, garantendo che la discussione sui fattori protettivi sia ampia e comprensiva. La costruzione di un approccio efficace e attuabile per la prevenzione del suicidio necessita di una fondamentale e attenta considerazione di come questi elementi possono essere modellati e implementati in diversi contesti e popolazioni. Infine, mentre continuiamo ad esplorare e implementare questi fattori, è essenziale che vi sia un processo continuo di valutazione e adattamento, per garantire che le strategie messe in atto siano non solo efficaci ma anche evolutive e reattive alle esigenze mutevoli della società e degli individui.

Continuazione su ulteriori Fattori Protettivi

13. Sviluppo di Abilità Personali:

- **Resilienza:** Implementare programmi che puntano a sviluppare la resilienza individuale e collettiva, dotando gli individui di strumenti per affrontare efficacemente lo stress e le sfide.
- **Gestione dello Stress:** Insegnare tecniche e strategie specifiche per la gestione dello stress può equipaggiare le persone con modi salutari per navigare attraverso periodi difficili.

14. Promozione della Salute Fisica:

- **Stile di Vita Sano:** Sottolineare l'importanza e fornire risorse per mantenere uno stile di vita sano, che comprenda esercizio fisico, dieta equilibrata e sonno adeguato, per supportare il benessere mentale.
- **Sport e Attività:** Promuovere e facilitare l'accesso a attività fisiche e sportive come mezzo per migliorare la salute mentale e fisica e per fornire un'ulteriore rete di supporto sociale.

15. Lavoro e Ambiente Accademico:

- **Ambienti di Lavoro e Studio Positivi:** Creare ambienti lavorativi e accademici che siano sostegno della salute mentale, offrendo risorse, spazi di ascolto e politiche di welfare.

- **Bilanciamento Vita-Lavoro/Studi:** Educare e fornire strumenti e politiche che facilitino un equilibrio sano tra vita professionale/accademica e vita privata.

16. **Advocacy e Attivismo:**

- **Gruppi di Advocacy:** Supportare e collaborare con gruppi che si battano per i diritti e il benessere delle persone con problemi di salute mentale.
- **Campagne di Sensibilizzazione:** Organizzare e appoggiare campagne che puntano a ridurre lo stigma attorno alla salute mentale e a promuovere pratiche positive e inclusive.

17. **Assistenza Continuativa:**

- **Follow-up e Cura Continuata:** Garantire che ci sia un sistema di follow-up e assistenza continuativa per individui che hanno vissuto esperienze di crisi psicologiche o tentativi di suicidio.
- **Supporto nel Post-Crisi:** Creare un sistema di supporto e accompagnamento per coloro che hanno superato un periodo di crisi, assicurando un recupero sicuro e sostenuto.

18. **Aspetti Spirituali e Filosofici:**

- **Esplorazione del Significato:** Fornire spazi e risorse che permettano di esplorare questioni esistenziali, spirituali e di significato, offrendo supporto nella ricerca personale.

- **Comunità Spirituali:** Collaborare con comunità spirituali e religiose per sviluppare reti di supporto e risorse specifiche che siano in linea con le credenze e i valori degli individui.

19. **Ricerca e Sviluppo:**

- **Investire nella Ricerca:** Impegnarsi nella ricerca continua su suicidio, salute mentale e fattori protettivi per comprendere meglio e sviluppare strategie efficaci.
- **Implementare Scoperte della Ricerca:** Tradurre le scoperte della ricerca in pratiche e politiche concrete, assicurando che le azioni intraprese siano basate su evidenze scientifiche.

20. **Legalità e Giustizia:**

- **Diritti Legalmente Protetti:** Garantire che i diritti delle persone con problemi di salute mentale siano protetti e rispettati, e che abbiano accesso a un supporto legale adeguato.
- **Accesso alla Giustizia:** Assicurarsi che gli individui siano informati e supportati nell'accesso ai meccanismi di giustizia e tutela.

21. **Supporto Internazionale e Networking:**

- **Collaborazioni Internazionali:** Stabilire e mantenere reti e partnership a livello internazionale per condividere conoscenze, risorse e strategie.
- **Programmi Globali:** Partecipare e contribuire a programmi e iniziative globali che si occupano

di prevenzione del suicidio e promozione della salute mentale.

Questi temi e sottotemi possono fungere da pilastri per elaborare un approccio complesso e multifattoriale alla prevenzione del suicidio. Un libro che esplori e integri questi elementi con esperienze vissute, casi studio e dati scientifici può servire come risorsa fondamentale per professionisti, famiglie e chiunque sia interessato a contribuire attivamente alla prevenzione del suicidio nella società. Concludere ciascun punto con riflessioni, domande aperte e suggerimenti per ulteriori letture e risorse può inoltre stimolare il lettore a un ulteriore approfondimento e a una riflessione continua sull'argomento.

Approfondimento su ulteriori Fattori Protettivi

22. Innovazione e Tecnologia:

- **App e Piattaforme Online:** Sviluppare e promuovere l'uso di applicazioni e piattaforme online che forniscano strumenti di sostegno, informazione e collegamento a professionisti della salute mentale.
- **Telemedicina:** Sfruttare le opportunità della telemedicina per garantire accesso a supporto psicologico e consulenze specialistiche anche in aree geografiche remote o scarsamente servite.

23. **Inclusione Sociale:**

- **Programmi di Integrazione:** Creare e sostenere programmi che promuovano l'integrazione attiva di individui che vivono con problemi di salute mentale nelle comunità.
- **Riduzione della Discriminazione:** Lavorare attivamente sulla riduzione dello stigma e della discriminazione nei confronti delle persone che vivono con difficoltà psicologiche o psichiatriche.

24. **Ambienti Sicuri e Supportivi:**

- **Sicurezza Fisica:** Assicurare ambienti fisici sicuri e che non facilitino atti autolesionistici o suicidari.
- **Supporto Emotivo Costante:** Offrire una presenza costante e supportiva, sia a livello professionale che umano, in diversi contesti (scuola, lavoro, comunità).

25. **Educazione e Formazione per i Professionisti:**

- **Formazione Specifica:** Fornire una formazione adeguata ai professionisti di varie discipline su tematiche relative al suicidio e alla sua prevenzione.
- **Supervisione e Supporto:** Garantire che i professionisti abbiano a disposizione spazi di supervisione e momenti di condivisione e supporto relativo alle situazioni gestite.

26. **Sensibilizzazione della Comunità:**

- **Eventi e Workshop:** Organizzare eventi, conferenze e workshop che portino il tema della prevenzione del suicidio all'attenzione della comunità.
- **Materiale Informativo:** Distribuire materiale informativo che possa educare la popolazione generale sui temi della salute mentale e della prevenzione del suicidio.

27. **Supporto alle Famiglie:**

- **Gruppi di Supporto:** Creare e facilitare l'accesso a gruppi di supporto per familiari di persone che hanno attuato comportamenti suicidari o che vivono con gravi problemi di salute mentale.
- **Educazione Familiare:** Fornire corsi e materiali che possano educare le famiglie su come supportare al meglio i loro cari e su come prendersi cura della propria salute mentale.

28. **Accesso a Terapie e Trattamenti:**

- **Terapie Efficaci:** Assicurare che ci siano terapie basate sull'evidenza scientifica e personalizzate sulle necessità dell'individuo.
- **Percorsi Terapeutici Accessibili:** Creare percorsi terapeutici facilmente accessibili e che possano rispondere in modo tempestivo alle necessità dell'individuo.

29. **Sostegno Economico:**

- **Programmi di Aiuto Economico:** Implementare programmi che possano sostenere economicamente chi è in difficoltà, riducendo uno degli stressori che può contribuire al disagio psicologico.

- **Accesso a Opportunità Lavorative:** Facilitare l'accesso a opportunità lavorative, formative e di reinserimento nel mondo del lavoro per chi sta vivendo o ha vissuto periodi di grave disagio psicologico.

30. **Arte e Espressione Creativa:**

- **Workshop Creativi:** Offrire workshop e spazi in cui l'arte e l'espressione creativa siano utilizzate come veicolo di esplorazione e elaborazione del proprio vissuto interiore.

- **Mostre ed Eventi:** Organizzare eventi in cui l'arte diventi veicolo di sensibilizzazione e dialogo sulla salute mentale e sulla prevenzione del suicidio.

Questi aspetti evidenziano la necessità di un approccio olistico e integrato nella costruzione di un sistema di prevenzione del suicidio che non solo risponda in momenti di crisi, ma lavori attivamente per costruire un tessuto sociale ed individuale resistente e supportivo. Un approccio che tenga conto della molteplicità dei fattori coinvolti e che integri diverse discipline e approcci risulta essenziale per affrontare efficacemente la complessità della prevenzione del suicidio.

La comprensione e l'implementazione efficace dei fattori protettivi nella prevenzione del suicidio invitano a un'esplorazione ponderata e approfondita delle dinamiche individuali, familiari, sociali e culturali. I fattori protettivi, ovvero quegli elementi che contribuiscono a ridurre il rischio di sviluppare comportamenti suicidari e a promuovere la resilienza, si articulano attraverso una miriade di ambiti e dimensioni.

L'**innovazione e la tecnologia**, per esempio, non sono solo veicoli per la diffusione di informazioni e conoscenze, ma possono divenire strumenti di primo intervento e supporto, costruendo una rete che può offrire un primo contatto, un punto di riferimento sicuro e anonimo per chi sta attraversando un periodo di crisi. La capacità di offrire supporto a distanza, sfumando le barriere geografiche, e di creare spazi virtuali sicuri e contenitivi, diventa strategica, soprattutto per raggiungere quelle persone che potrebbero non avere accesso a servizi territoriali o che potrebbero non sentirsi a proprio agio a cercare aiuto in modo più tradizionale.

L'**inclusione sociale** rappresenta un'ancora di salvezza per chi vive con il disagio mentale, sottolineando l'importanza di essere visti, riconosciuti e accettati nella propria individualità e nelle proprie difficoltà. Programmi di inclusione e lotta allo stigma rappresentano non solo un veicolo di informazione e sensibilizzazione per la comunità, ma anche un supporto concreto per chi vive il disagio, offrendo opportunità di integrazione, di condivisione e di espressione di sé.

La creazione di **ambienti sicuri e supportivi** non solo in termini fisici, ma anche e soprattutto psicologici ed emotivi, è cruciale per sviluppare una rete di contenimento e sostegno. Ogni spazio, sia esso fisico o virtuale, deve essere in grado di offrire sicurezza e accoglienza, diventando un luogo in cui il dolore può essere espresso e accolto senza giudizio.

L'**educazione** e la **formazione** di professionisti capaci, competenti e umanamente sensibili, diventa fondamentale per creare una prima linea di intervento qualificata e consapevole delle sfide e delle difficoltà connesse alla gestione del rischio suicidario. Allo stesso tempo, fornire strumenti, competenze e supporti anche ai non addetti ai lavori, che si trovano ad affrontare queste tematiche, ad esempio nel contesto familiare o scolastico, è essenziale per creare una rete di prevenzione capillare e diffusa.

Il ruolo della **sensibilizzazione della comunità**, che attraverso la diffusione di informazioni accurate e il dialogo aperto e onesto sulla salute mentale, può contribuire a creare un clima di apertura e di accoglienza nei confronti di chi sta soffrendo. Questo processo di sensibilizzazione deve avvenire rispettando le diverse esigenze e sensibilità, proponendo messaggi chiari, ma al contempo empatici e non traumatici.

Sostegno alle **famiglie** e creazione di percorsi di **accesso a terapie e trattamenti** rappresentano altri pilastri fondamentali, fornendo non solo un supporto specialistico a chi sta vivendo un disagio profondo, ma anche creando una rete di sostegno e comprensione attorno a loro.

Il sostegno economico e **l'arte come espressione creativa** sono spesso sottovalutati nella loro potenza protettiva. Garantire stabilità economica e spazi di espressione diventa vitale per assicurare un terreno solido su cui costruire percorsi di cura e di prevenzione efficaci.

La realizzazione di un quadro complessivo di fattori protettivi implica un'azione sinergica tra diversi attori e settori, coinvolgendo professionisti della salute mentale, istituzioni, scuole, famiglie e l'intera comunità in un progetto condiviso e multidimensionale di cura e prevenzione.

6. Depressione e Salute Mentale • Collegamento tra depressione, disturbi mentali e suicidio.

Il nesso tra depressione, altri disturbi della salute mentale e suicidio è intricato e profondamente radicato, giocando un ruolo fondamentale nei fattori di rischio e nelle dinamiche che portano un individuo a contemplare il suicidio come via di fuga dal dolore psicologico e/o fisico. Approfondire questo collegamento, con una lente di ingrandimento rivolta verso la comprensione delle sfumature e delle specificità delle diverse condizioni psicopatologiche, diventa essenziale in un'ottica di prevenzione e intervento tempestivo. La **depressione**, ad esempio, è spesso collegata a un profondo senso di disperazione, auto-deprezzamento e perdita di speranza, che può condurre l'individuo a percepire la morte come l'unica via di fuga da un dolore insopportabile. Tuttavia, non tutte le persone che vivono esperienze di depressione contempleranno il suicidio, e non tutti coloro che tentano il suicidio soffrono di depressione, sebbene la correlazione sia forte e statisticamente significativa. Ciò enfatizza l'importanza di approcciare ogni individuo come un'entità unica, con una sua particolare combinazione di fattori di rischio e protettivi.

Altri disturbi della salute mentale, come i
disturbi dell'ansia, **disturbi della
personalità**, **disturbi alimentari**, **disturbi
psicotici** e **disturbi dell'umore** come il
disturbo bipolare, possono anch'essi intersecarsi
con pensieri e comportamenti suicidari, ognuno
con le sue specifiche dinamiche e caratteristiche.
Ad esempio, nel disturbo bipolare, i rischi
suicidari possono essere esacerbati durante le
fasi depressive o, in alcuni casi, durante le fasi
maniacali in cui l'impulsività può essere
accentuata.

La **schizofrenia** rappresenta un altro esempio
in cui il rischio suicidario è elevato, dovuto in
parte alla difficoltà dell'individuo di distinguere
la realtà dalla psicosi, e in parte ai pesanti oneri
emotivi e sociali che il disturbo può imporre. La
disperazione, la solitudine, il disagio sociale e la
difficoltà nel gestire la malattia possono, in
questi casi, amplificare il rischio di
comportamenti autolesionistici e suicidari.

Anche i **disturbi dell'uso di sostanze** sono
strettamente correlati al rischio suicidario, sia
attraverso la compromissione delle funzioni
cognitive ed emotive, sia attraverso l'incremento
dell'impulsività e la diminuzione delle inibizioni,
che possono rendere un individuo più propenso a
attuare comportamenti pericolosi e
autodistruttivi.

È essenziale, pertanto, un'accurata e attenta valutazione del rischio suicidario in tutti i pazienti che presentano disturbi della salute mentale, con una particolare attenzione alle loro risorse, ai loro punti di forza e alle reti di sostegno disponibili. La **gestione multidimensionale** del rischio, che integra interventi psicologici, farmacologici e psicosociali, rappresenta una strategia cruciale per minimizzare il rischio e fornire il supporto necessario.

Attraversare il labirinto della mente umana, nelle sue manifestazioni più oscure e dolorose, impone non solo un impegno scientifico e professionale, ma anche un profondo atto di umanità, di ascolto e di autentica presenza verso l'altro, specialmente quando l'altro è invischiato in una ragnatela di sofferenza e disperazione. E mentre si affrontano questi temi dolorosi e sfidanti, è cruciale ricordare che la speranza, l'intervento tempestivo e l'adeguato sostegno possono effettivamente fare la differenza, trasformando la disperazione in opportunità di cura, comprensione e, infine, guarigione.

Nel continuare a esplorare la connessione tra salute mentale e suicidio, è essenziale riconoscere come ogni diagnosi psichiatrica ha sfaccettature e potenziali risvolti che necessitano di essere indagati e compresi in profondità. Lo stesso concetto di suicidio, all'interno delle diverse patologie, può essere inteso e manifestato in modi differenti, influenzando la strategia d'intervento e prevenzione.

Consideriamo ad esempio il **disturbo ossessivo-compulsivo (DOC)**. Anche se meno comunemente associato al suicidio rispetto ad altre condizioni di salute mentale, il DOC può provocare un significativo distress e disabilità, e in alcuni casi, condurre a pensieri e comportamenti suicidari dovuti alla disperazione e alla frustrazione derivanti dalla lotta continua contro le ossessioni e le compulsioni.

Il **disturbo post-traumatico da stress (DPTS)** è un altro disturbo che può interagire complessamente con il rischio suicidario. Le persone con DPTS possono sperimentare flashbacks intrusivi, incubi, ipervigilanza e una profonda disconnessione emotiva. L'esperienza prolungata di questi sintomi, soprattutto senza un adeguato sostegno o trattamento, può innescare una disperazione profonda e un desiderio di porre fine al dolore attraverso il suicidio.

L'**autismo**, anche se non direttamente correlato al suicidio, merita una menzione specifica in quanto individui con autismo spesso vivono con comorbilità come l'ansia e la depressione, e possono sperimentare livelli elevati di isolamento sociale e incomprensione, tutti fattori che possono incrementare il rischio suicidario. L'**ansia** può manifestarsi attraverso varie forme e intensità e, sebbene possa non sembrare direttamente correlata al rischio di suicidio, in realtà, quando diventa cronica o insopportabile, può certamente contribuire a una diminuzione della qualità della vita e alla comparsa di pensieri suicidari.

Parlando di **terapia e farmacologia**, va notato che l'approccio terapeutico nei confronti di individui con disturbi psichiatrici e pensieri suicidari richiede un'attenzione squisita alle necessità e alle dinamiche personali del paziente. Alcuni antidepressivi, ad esempio, possono in rarissimi casi aumentare i pensieri suicidari negli adolescenti e nei giovani adulti, rendendo cruciale monitorare attentamente i pazienti dopo l'inizio del trattamento farmacologico. La scelta della terapia e delle strategie d'intervento deve essere personalizzata, modulata sulle necessità, le caratteristiche e le risposte dell'individuo.

Una discussione più ampia sul suicidio e la salute mentale dovrebbe anche considerare la

stigmatizzazione che pervade la società relativamente a questi temi. La stigmatizzazione può infatti rappresentare un ostacolo significativo all'accesso alle cure e al sostegno, in quanto le persone potrebbero temere il giudizio e la discriminazione e, pertanto, evitare di cercare aiuto anche quando è fortemente necessario. Questo ci conduce a riflettere sull'importanza della **formazione e dell'educazione** come strumenti di prevenzione. La capacità di riconoscere i segni precoci di sofferenza mentale, di accogliere senza giudizio le persone che attraversano periodi di crisi e di indirizzarle verso gli adeguati percorsi di cura rappresenta un elemento chiave nella costruzione di una rete di prevenzione efficace.

In definitiva, ogni angolo della relazione tra suicidio e disturbi mentali ci guida verso la comprensione dell'essenza multiforme e multidimensionale del dolore umano e delle vie attraverso le quali esso può esprimersi, portandoci a riconoscere l'inesauribile necessità di risposte terapeutiche, sociali e umane che siano altrettanto variegate e sfaccettate.

La tematica del suicidio e il suo rapporto con la salute mentale è vasta e ricca di sfumature. Oltre ai punti precedentemente trattati, è cruciale anche esaminare ulteriori elementi e argomenti.

Disparità Socioeconomiche e Suicidio

La correlazione tra i fattori socioeconomici e il suicidio è un altro aspetto che necessita di una discussione dettagliata. Individui che vivono in condizioni di povertà o che affrontano significative sfide economiche possono sperimentare elevati livelli di stress e disperazione, che possono, a loro volta, aumentare il rischio di sviluppare problemi di salute mentale e comportamenti suicidari. La precarietà lavorativa, la mancanza di sicurezza abitativa e l'incertezza economica si traducono in un carico di stress che può avere gravi ripercussioni sulla psiche e sul benessere emotivo delle persone.

Ambienti Familiari e Relazionali

Le dinamiche familiari e relazionali giocano un ruolo cruciale nella salute mentale di un individuo. Crescere in un ambiente familiare dove regna la violenza, sia essa fisica o psicologica, può portare alla formazione di traumi e ferite emotive che influenzano l'autostima e il modo di relazionarsi con gli altri. Queste circostanze non solo incrementano il rischio di sviluppare disturbi mentali ma possono anche acuire l'isolamento percepito e la disperazione, elementi spesso collegati al rischio suicidario.

Genetica e Biologia

Le predisposizioni genetiche e i fattori biologici che possono influenzare il rischio di suicidio sono un ulteriore tassello del puzzle. La ricerca ha mostrato che ci può essere una certa predisposizione genetica al suicidio, e che determinati squilibri neurochimici (ad esempio, dei livelli di serotonina) possono essere associati a un aumentato rischio suicidario. Inoltre, vi sono ricerche che suggeriscono che le persone che hanno parenti stretti che hanno compiuto tentativi di suicidio o che si sono suicidate potrebbero avere un rischio maggiore di comportamento suicidario.

Farmaci e Trattamenti

Approfondire le varie forme di trattamento e le loro potenziali implicazioni sul rischio suicidario è essenziale. Alcuni farmaci possono, in casi rari, aumentare il rischio di pensieri suicidari, specialmente nelle prime fasi del trattamento e in particolari fasce di età. Questo sottolinea l'importanza di un'attenta monitorizzazione del paziente, dell'adattamento delle dosi e dell'eventuale esplorazione di terapie alternative o complementari, come la psicoterapia.

Aspetti Culturali e Societali

Analizzare la questione del suicidio richiede anche un'indagine approfondita sugli aspetti culturali e societal che influenzano la percezione e la gestione del suicidio e della salute mentale. In alcune culture, discutere apertamente di suicidio e salute mentale può essere tabù, il che può impedire agli individui di esprimere i propri sentimenti e cercare aiuto. La società gioca un ruolo fondamentale nell'offrire un contesto in cui le persone si sentano al sicuro nel parlarne e nel cercare sostegno.

Formazione dei Professionisti

Altresì, è fondamentale garantire che i professionisti della salute mentale e coloro che operano in ambiti correlati (come i docenti, i dirigenti aziendali, ecc.) siano adeguatamente formati per riconoscere e gestire le crisi suicidarie. La loro capacità di rispondere efficacemente e con empatia può fare la differenza nella prevenzione del suicidio. Queste sfaccettature dimostrano quanto sia complesso e multiforme il legame tra suicidio e salute mentale, evidenziando che la prevenzione del suicidio è un impegno che coinvolge l'intera società. In tale impegno è imperativo integrare strategie individuali, comunitarie e societali, attuando politiche sanitarie, sociali ed economiche che siano capaci di tessere una rete

di protezione capace e inclusiva, per ogni
individuo.

Iperconnessione e Isolamento Sociale in Era Digitale

Anche la nostra era digitale ha un ruolo rilevante quando parliamo di depressione e salute mentale. L'iperconnessione tramite i social media, paradossalmente, può alimentare sentimenti di isolamento e depressione, soprattutto se si generano confronti sociali negativi o si è vittime di cyberbullismo. È essenziale esplorare come la navigazione su Internet e l'uso dei social media possano essere collegati al benessere mentale e quali strategie possono essere adottate per navigare nel mondo digitale in modo sano e sicuro.

LGBTQ+ e Suicidio

Una tematica strettamente connessa è l'incidenza dei comportamenti suicidari tra gli individui LGBTQ+. Questa popolazione mostra tassi di tentativi di suicidio significativamente più alti rispetto ai coetanei cisetero e eterosessuali, a causa dei fattori stressogeni correlati alla gestione dell'identità di genere e dell'orientamento sessuale, spesso in contesti sociali e familiari non accoglienti o apertamente ostili.

Influenza dei Media

I media svolgono un ruolo critico nel plasmare l'opinione pubblica sul suicidio e la salute mentale. La modalità con cui i media riferiscono dei casi di suicidio, discutono la salute mentale e rappresentano queste tematiche nelle narrazioni fiction può avere un impatto tangibile sul pubblico. La "regola del contagio suicidario" indica che una rappresentazione irresponsabile e sensazionalistica del suicidio nei media può innescare comportamenti imitativi tra chi è a rischio.

Esperienze di Vita

Le esperienze di vita traumatiche, come subire o testimoniare violenze, esperienze belliche, o passare attraverso disastri naturali, possono accrescere il rischio di sviluppare patologie come la depressione e il disturbo da stress post-traumatico (PTSD), che a loro volta sono fattori di rischio per il suicidio. Come queste esperienze siano integrate nel percorso vita dell'individuo e il sostegno che riceve durante la gestione delle stesse, è fondamentale nel determinare l'incidenza del rischio suicidario.

Il Ruolo dei Datori di Lavoro

Il luogo di lavoro rappresenta un contesto rilevante nel quale indagare e intervenire sui fattori di rischio suicidario. Datori di lavoro e supervisori possono essere formati per riconoscere segni di crisi e disagio tra i lavoratori e creare un ambiente che favorisca il benessere mentale, attraverso policy di sostegno, creazione di ambienti lavorativi sani, e gestione dello stress lavorativo.

Accettazione Sociale

La stigmatizzazione delle malattie mentali e del suicidio ostacola la prevenzione e il trattamento adeguato. Rompere il tabù e incoraggiare una cultura della parola aperta e supportiva è fondamentale. L'approccio della società nei confronti della salute mentale, e come ciò si riflette nelle politiche governative, nei media, e nelle conversazioni quotidiane, influenza la percezione individuale e la disponibilità a cercare aiuto.

Prevenzione nelle Scuole

Le scuole dovrebbero essere luoghi dove i giovani apprendono non solo materie scolastiche ma anche competenze socio-emotive e di gestione dello stress. Programmi scolastici che includono l'educazione alla salute mentale e alla gestione delle emozioni, unitamente alla formazione del personale scolastico, potrebbero essere misure preventive di grande efficacia.

Mondo Artistico e Creativo

Il mondo dell'arte e della creatività spesso si intreccia con tematiche di salute mentale, spesso artisti e creativi esplorano attraverso le loro

opere temi legati al dolore, alla sofferenza
mentale, e al suicidio. Comprendere come l'arte
possa essere sia espressione che catalizzatore di
queste tematiche è un altro capitolo significativo
nella comprensione del fenomeno suicidario.
Ogni punto appena trattato potrebbe essere
espanso in capitoli densi e riflessivi, andando a
creare un'opera omnicomprensiva che non solo
informa, ma anche fornisce strumenti e risorse
per gestire e prevenire il suicidio a tutti i livelli
della società.

Impatto della Pandemia sulla Salute Mentale e il Suicidio

La pandemia COVID-19 e le relative misure di
distanziamento sociale, nonché la perdita di cari,
l'insicurezza economica e i cambiamenti drastici
nello stile di vita hanno avuto un impatto
significativo sulla salute mentale globale. Le
relazioni tra l'aumento di stress, ansia, e
depressione dovute alla pandemia e l'aumento
del rischio suicidario sono temi di rilevanza
critica e meritano un'attenta analisi per capire
come la salute pubblica possa rispondere a crisi
di vasta scala e imprevedibili come una
pandemia.

Tecnologia e Telesalute

L'evoluzione della tecnologia offre nuove opportunità e sfide per la prevenzione del suicidio e la gestione della salute mentale. La telesalute, ovvero la possibilità di fornire servizi di salute mentale a distanza, ha il potenziale di superare alcune delle barriere tradizionali all'accesso all'assistenza, come la distanza geografica e lo stigma. Allo stesso tempo, è cruciale indagare su come la qualità dell'assistenza e la relazione terapeutica possano essere influenzate dalla mediazione tecnologica.

Legislazione e Politiche di Salute Mentale

Le politiche di salute mentale e le legislazioni nazionali giocano un ruolo centrale nella prevenzione del suicidio. L'adozione di leggi che promuovano l'accesso a cure di alta qualità, che garantiscano la copertura assicurativa e che proteggano i diritti dei cittadini con problemi di salute mentale sono di fondamentale importanza. Esaminare e discutere come le varie legislazioni nel mondo affrontano queste tematiche può fornire un quadro di insieme delle migliori prassi e delle aree di miglioramento.

Cultura e Differenze Globali

Le pratiche e le percezioni del suicidio variano notevolmente a seconda del contesto culturale e geografico. Esplorare e comprendere come differenti culture e società gestiscono il concetto di suicidio, la prevenzione e la gestione della salute mentale permette di comprendere una gamma più ampia di fattori di rischio e protettivi, che potrebbero non essere evidenti in un contesto puramente occidentale o eurocentrico.

Medicazioni e Trattamenti

È anche cruciale discutere i vari approcci terapeutici alla depressione e ad altre malattie mentali. Dalla terapia farmacologica alla psicoterapia, passando per trattamenti più innovativi come la psicoterapia assistita da psichedelici, la gamma di opzioni disponibili è vasta e in continua evoluzione. Approfondire le evidenze scientifiche, i benefici e i rischi di ciascun approccio è fondamentale per offrire un quadro informativo completo.

Etica Medica e Assistenza al Fine Vita

L'etica medica nel contesto della prevenzione del suicidio e, più in generale, della gestione della fine vita è un altro tema rilevante. Discutere e riflettere sul diritto dell'individuo all'autodeterminazione, sui criteri e le procedure delle pratiche di assistenza al fine vita e su come queste possano o meno intersecarsi con il discorso sulla prevenzione del suicidio è un punto che merita attenzione e spazio.

La Voce delle Persone Coinvolte

Ascoltare e integrare le voci di coloro che hanno esperienze di prima mano con il suicidio, sia come sopravvissuti sia come persone che hanno perso qualcuno a causa del suicidio, è fondamentale per fornire una prospettiva autentica e onesta. Le loro storie, le loro sfide, e i loro insight possono non solo informare meglio le strategie di prevenzione, ma anche fornire speranza e comprensione a coloro che leggono e che potrebbero trovarsi in una situazione simile.

Interventi di Emergenza e Primo Soccorso Psicologico

I protocolli e le strategie per gli interventi di emergenza in situazioni di crisi suicidaria, nonché i principi del primo soccorso psicologico, sono strumenti che ogni persona dovrebbe conoscere. Spiegare in modo dettagliato come intervenire in una crisi, i numeri di emergenza disponibili, e cosa fare e non fare in queste situazioni potrebbe armare i lettori con informazioni potenzialmente salvavita.

Ogni singolo punto potrebbe essere ulteriormente scomposto e analizzato per creare un tessuto ricco e multidimensionale che esplori il suicidio e la sua prevenzione da molteplici angolazioni, fornendo un valido strumento di informazione, prevenzione e sensibilizzazione sulla tematica.

6. Depressione e Salute Mentale

Collegare i disturbi della salute mentale, in particolare la depressione, con il rischio suicidario è fondamentale per comprendere e affrontare adeguatamente le dinamiche sottostanti che potrebbero spingere un individuo verso pensieri e comportamenti autolesionistici e suicidari. Il percorso che va dal manifestarsi dei primi sintomi depressivi fino alla contemplazione del suicidio è complesso e intriso di molteplici variabili individuali, sociali e ambientali.

Depressione: una comprensione multidimensionale

Comprendere la depressione richiede un'indagine su diversi livelli: biologico, psicologico e sociale. Dal punto di vista biologico, l'incidenza di squilibri neurochimici, fattori genetici e condizioni coesistenti spesso complica il quadro clinico e la gestione della depressione. Psicologicamente, l'esperienza della depressione può essere altamente individualizzata, con variazioni significative nei sintomi, nei modelli di pensiero e nelle risposte al trattamento. Socialmente, gli individui con depressione possono affrontare stigma, isolamento e una miriade di sfide nell'accesso e nella ricezione di cure adeguate e tempestive.

Intrecci tra la Depressione e il Suicidio
Il passaggio dalla depressione ai pensieri
suicidari non è lineare e può essere influenzato
da una serie di fattori, tra cui la gravità dei
sintomi depressivi, la presenza di fattori
stressanti della vita, la mancanza di una rete di
sostegno adeguata e precedenti episodi di
comportamento suicidario. È essenziale
comprendere che, mentre la depressione può
spesso essere un fattore chiave nell'aumentare il
rischio suicidario, non tutti coloro che sono
depressi contemplano il suicidio e, al contrario,
non tutti coloro che tentano il suicidio sono
depressi.

Trattamenti e Interventi
La gestione e il trattamento della depressione e
dei connessi rischi suicidari spaziano dai farmaci
antidepressivi alla psicoterapia, passando per
interventi volti all'incremento delle competenze e
strategie di coping, alla costruzione di una rete di
sostegno sociale. A livello più avanzato, le terapie
elettroconvulsive e la stimolazione magnetica
transcranica rappresentano altri approcci che
potrebbero essere esplorati nel contesto della
resistenza al trattamento.

Approcci Preventivi
Una prospettiva preventiva richiede un'attenta
analisi delle caratteristiche dell'individuo, del suo
ambiente e del suo contesto culturale e sociale,

identificando potenziali fattori di rischio e implementando strategie preventive mirate, che possono spaziare dalla promozione della resilienza psicologica alla creazione di ambienti sicuri e supportivi.

Vissuto del Paziente

Infine, ascoltare e onorare le voci e le esperienze di coloro che vivono la depressione e la suicidarietà è fondamentale. La loro narrazione fornisce un insight inestimabile nella realtà vissuta, suggerendo potenziali aree di bisogno e intervento, e rimarcando l'importanza di un approccio empatico e centrato sul paziente nella prevenzione del suicidio.

Concludendo, il discorso sulla depressione e salute mentale, e il loro legame con il suicidio, è essenziale non solo per gli addetti ai lavori ma anche per la società nel suo complesso, in quanto crea un quadro di comprensione e, si spera, un percorso verso l'abbattimento dello stigma e la promozione di strategie di intervento e prevenzione efficaci.

7. Intervento Precoce

L'intervento precoce è un elemento cruciale nella gestione della prevenzione del suicidio. Identificare e intervenire nei primi stadi, sia dell'emergere di sintomi correlati a rischio suicidario che del manifestarsi di comportamenti potenzialmente pericolosi, è fondamentale per impedire l'evoluzione della crisi verso esiti tragici.

Identificazione dei Sintomi e dei Segnali di Allarme

Comprendere e riconoscere i sintomi e i segnali di allarme nei primi stadi richiede una consapevolezza sia a livello individuale che collettivo. Gli individui, le famiglie, gli amici, i colleghi, e le istituzioni educative e sanitarie dovrebbero essere dotati delle competenze per riconoscere i segnali premonitori, che possono includere cambiamenti nel comportamento, ritiro sociale, espressione di pensieri suicidari, alterazioni dell'umore e altro.

L'Importanza della Formazione

La formazione di professionisti, educatori, e persino di persone comuni attraverso programmi di prevenzione del suicidio e primo soccorso psicologico può giocare un ruolo vitale nell'identificazione precoce dei segnali di pericolo e nello sviluppo di competenze di intervento di base. Questo può includere la capacità di avviare conversazioni su temi delicati come la salute mentale e il suicidio, nonché fornire un supporto immediato e indirizzare le persone a risorse e professionisti appropriati.

Strumenti di Screening e Valutazione

L'utilizzo di strumenti di screening e valutazione può facilitare l'identificazione precoce di individui a rischio. Questi strumenti, che possono essere implementati in vari contesti, come il settore sanitario, scolastico, o lavorativo, possono contribuire a identificare rapidamente chi potrebbe beneficiare di un ulteriore supporto o intervento.

Piani di Intervento e di Gestione del Rischio

Una volta identificati i segnali e i sintomi, l'implementazione di piani di intervento e gestione del rischio diventa cruciale. Questi piani dovrebbero essere personalizzati, dinamici, e adattabili, garantendo che gli interventi siano calibrati in base alle specifiche esigenze e rischi dell'individuo. Essi possono includere varie strategie, come la terapia, il sostegno peer-to-peer, modifiche all'ambiente di vita o di lavoro, e, in alcuni casi, l'intervento farmacologico.

Involucro Familiare e di Supporto

Incorporare le reti di sostegno esistenti, come la famiglia e gli amici, nell'intervento precoce è altresì essenziale. Fornire a questi individui le competenze, le conoscenze, e il supporto necessario per assistere efficacemente la persona a rischio può non solo potenziare l'efficacia dell'intervento ma anche creare un ambiente più sicuro e sostenibile per la persona in difficoltà. In conclusione, un'intervento precoce efficace non si basa su un unico elemento, ma piuttosto su una strategia multifacettata che combinando consapevolezza, formazione, strumenti adeguati, e reti di sostegno possa creare un percorso coeso verso la prevenzione del suicidio, minimizzando il rischio attraverso l'identificazione e l'azione tempestiva.

Ambiente Sociale e Comunitario

L'ambiente sociale e comunitario attorno all'individuo svolge un ruolo vitale nell'intervento precoce. La creazione di un ambiente sicuro, inclusivo e non giudicante può spianare la strada a discussioni aperte e oneste riguardo alla salute mentale e ai pensieri suicidari. È fondamentale sviluppare un ethos comunitario che incoraggi la comunicazione e l'espressione delle emozioni e delle sfide, in modo che chi sta attraversando un periodo difficile possa sentirsi supportato e compreso.

Tecnologia e Piattaforme Online

La tecnologia può funzionare come un doppio taglio in materia di prevenzione del suicidio. Da un lato, le piattaforme online possono funzionare come uno strumento efficace per fornire supporto, attraverso hotlines, chatbot di intervento in caso di crisi, e comunità online di supporto. D'altra parte, possono anche presentare sfide associate a cyberbullismo, confronto e contenuti potenzialmente dannosi. Pertanto, è essenziale navigare con attenzione l'integrazione della tecnologia nell'intervento precoce, assicurandosi che sia utilizzata in modo responsabile e benefico.

Legislazione e Politiche Pubbliche

Le politiche pubbliche e la legislazione giocano un ruolo significativo nel plasmare il contesto entro il quale avvengono l'identificazione e l'intervento precoce. Regolamenti che riguardano l'accesso a mezzi letali, le norme mediatiche riguardo alla segnalazione del suicidio, e il finanziamento per la ricerca e i servizi di prevenzione del suicidio possono tutti influenzare i tassi di suicidio e la capacità di intervenire in modo precoce.

Sviluppo Professionale Continuo

È cruciale che i professionisti coinvolti nell'intervento precoce partecipino a una formazione continua e allo sviluppo professionale per rimanere aggiornati sulle ultime ricerche, strumenti e migliori pratiche in materia di prevenzione del suicidio. L'adattabilità e l'apprendimento continuo permettono un approccio più fresco e efficace nei confronti dell'intervento e delle strategie di prevenzione.

Cultura Organizzativa

Le organizzazioni e le istituzioni dovrebbero sviluppare una cultura che promuova la salute mentale e la prevenzione del suicidio. Ciò include l'implementazione di programmi e politiche di benessere sul luogo di lavoro, il sostegno attivo della salute mentale, e la creazione di un ambiente lavorativo in cui gli individui si sentano al sicuro nel discutere apertamente le proprie sfide senza paura di ripercussioni.

Collaborazione Multidisciplinare

Il lavoro di squadra tra diversi settori e professioni è vitale per garantire che l'intervento precoce sia completo e olistico. La collaborazione tra professionisti della salute mentale, medici di base, educatori, assistenti sociali e altri consente un approccio più maturo e integrato, dove diverse prospettive e competenze sono unite per offrire il miglior supporto possibile.

Ricerca e Analisi Dati

La ricerca continua e l'analisi dei dati svolgono un ruolo fondamentale nel comprendere meglio e nel perfezionare gli interventi precoci. Analizzando i dati disponibili e utilizzando le ricerche per comprendere quali strategie sono efficaci e quali aree necessitano di miglioramento, si può perfezionare ulteriormente l'approccio all'intervento precoce.

In generale, questi diversi elementi enfatizzano la complessità e la multidimensionalità dell'intervento precoce nel contesto della prevenzione del suicidio. La mescolanza di vari fattori, strategie e stakeholder richiede un impegno congiunto per navigare attraverso la complessità del suicidio e delle sue cause sottostanti, sempre con un occhio attento al rispetto e alla dignità dell'individuo.

Piano di Sicurezza Individualizzato

La creazione di un piano di sicurezza individualizzato, che includa strategie personalizzate per la gestione delle crisi e una lista di risorse e reti di supporto, può essere un elemento fondamentale nell'intervento precoce. Questo piano dovrebbe essere costruito insieme all'individuo, in modo che si adatti alle sue specifiche esigenze e preferenze, e dovrebbe essere facilmente accessibile in momenti di crisi.

Inclusione dei Familiari e delle Reti di Supporto

Coinvolgere i familiari e le reti di supporto nell'intervento precoce è un elemento chiave per garantire una comprensione e un sostegno completi durante i momenti di crisi. Formare queste reti su come riconoscere i segni di allarme e su come reagire in maniera adeguata e supportiva può essere vitale. Inoltre, assicurarsi che siano presenti anche loro nei momenti di pianificazione delle cure e dell'intervento garantisce una visione completa e olistica delle esigenze e delle preferenze dell'individuo.

Intervento a Livello Scolastico

A livello scolastico, gli educatori possono svolgere un ruolo fondamentale nell'identificare precocemente i segni di disagio o di sofferenza tra gli studenti. Implementare programmi di formazione per gli insegnanti e il personale scolastico su come riconoscere e rispondere ai segni di suicidio e di disagio mentale, oltre a creare un ambiente sicuro e supportivo in cui gli studenti si sentano a proprio agio nel condividere le proprie sfide, sono passaggi cruciali.

Uso di Strumenti di Valutazione

L'impiego di strumenti di valutazione standardizzati per identificare i livelli di rischio e le aree di bisogno tra coloro che potrebbero essere a rischio di suicidio è fondamentale. Questi strumenti possono fornire una struttura su cui basare gli interventi e offrire indicazioni su possibili aree di focus, garantendo che le misure adottate siano guidate dai dati e dalle informazioni specifiche dell'individuo.

Educazione Pubblica

Sviluppare campagne di educazione pubblica che mirino a ridurre lo stigma associato al suicidio e alla salute mentale, ed educare la comunità sui

segni del suicidio e su come reagire, è essenziale.
Ciò potrebbe includere workshop, seminari e
materiali informativi distribuiti attraverso vari
canali di comunicazione.

Integrazione della Salute Fisica e Mentale
L'integrazione dell'assistenza tra salute fisica e
mentale dovrebbe essere una priorità. Molte
volte, i disturbi fisici e mentali sono
interconnessi e gestire entrambi in modo
integrato può offrire un approccio di cura più
completo e olistico. Assicurarsi che i
professionisti della salute siano formati sia nelle
componenti fisiche che in quelle mentali della
cura garantirà un supporto più completo per
l'individuo.

Approcci Culturalmente Competenti
È fondamentale che gli interventi precoci siano
culturalmente competenti e sensibili alle
specifiche esigenze e preferenze culturali
dell'individuo. Ciò può includere la
comprensione delle varie credenze e pratiche
culturali legate al suicidio e alla salute mentale, e
assicurarsi che le strategie di intervento siano
rispettose e adeguate a queste differenze.

Lavoro di Rete e Partnership
Stabilire reti e partnership con vari stakeholders,
inclusi servizi sociali, organizzazioni no-profit,
gruppi comunitari e servizi sanitari, può
garantire un approccio di cura più integrato e un

passaggio più fluido tra i vari livelli e tipi di supporto.

Ciascuno di questi elementi fornisce un contributo unico e vitale per assicurare che l'intervento precoce sia il più efficace e sostenibile possibile. Ogni individuo è unico e, di conseguenza, il processo di intervento dovrebbe essere flessibile e adattabile per soddisfare al meglio le loro esigenze specifiche e le circostanze individuali.

Accesso Facilitato ai Servizi

Una questione cruciale nell'intervento precoce per la prevenzione del suicidio è l'accesso facilitato ai servizi. Non solo i servizi dovrebbero essere ampiamente disponibili, ma gli individui dovrebbero anche essere a conoscenza di dove e come accedere a tali servizi. Le barriere all'accesso, come la mancanza di conoscenza dei servizi, stigmatizzazione, costi, e complessità nei processi di rinvio, dovrebbero essere attentamente esaminate e ridotte per assicurare che ogni individuo in crisi possa accedere prontamente al supporto di cui ha bisogno.

Approcci Basati sull'Evidenza

Inoltre, è vitale che l'intervento precoce si basi su approcci evidenziati dalla ricerca e dalla pratica. Questo include l'utilizzo di terapie e interventi che sono stati dimostrati efficaci nel ridurre il rischio di suicidio e nel migliorare la salute mentale, come la terapia cognitivo-comportamentale per la prevenzione del suicidio (CBT-SP) o la terapia di intervento per la crisi (CIT). La formazione continua dei professionisti della salute mentale in queste pratiche è essenziale per garantire che le tecniche utilizzate siano le più attuali e efficaci possibili.

Coinvolgimento della Comunità

L'importanza del coinvolgimento della comunità nell'intervento precoce non può essere sottolineata abbastanza. Le comunità sono un primo punto di contatto fondamentale e, spesso, le prime a notare cambiamenti o crisi emergenti. Offrire formazione sulla salute mentale e sulla prevenzione del suicidio a livello comunitario e costruire reti solide di supporto all'interno delle comunità può essere un efficace strumento di intervento precoce.

Programmi di Peer Support

I programmi di peer support, che utilizzano l'esperienza vissuta di individui che hanno affrontato sfide simili, sono spesso un valido canale per fornire supporto autentico e comprensivo. Questi programmi possono essere strutturati in vari modi, inclusi gruppi di supporto, mentoring individuale o linee di supporto telefonico peer-to-peer.

Legislazione e Politiche di Supporto

A livello macro, l'intervento precoce deve anche essere supportato da legislazioni e politiche adeguate. Ciò potrebbe includere politiche che garantiscano un accesso equo e tempestivo ai servizi di salute mentale, oltre a leggi che favoriscano la de-stigmatizzazione del suicidio e dei disturbi della salute mentale.

Approccio Multidisciplinare

Un approccio multidisciplinare che integri vari professionisti, come psichiatri, psicologi, assistenti sociali, infermieri e medici di medicina generale, è fondamentale per fornire un pacchetto di cure completo e su misura. Ogni professionista porta con sé una gamma unica di competenze e conoscenze, e la loro collaborazione può garantire che tutti gli aspetti della cura e del supporto siano coperti.

Tecnologia e Intervento Online

Inoltre, l'uso della tecnologia può giocare un ruolo fondamentale nell'intervento precoce. Le piattaforme online e le applicazioni mobili possono offrire accesso a strumenti di auto-aiuto, informazioni e supporto in momenti di crisi. Inoltre, la telesalute e la consulenza online possono facilitare l'accesso ai servizi per coloro che potrebbero non essere in grado di accedere al supporto faccia a faccia.

Programmi di Formazione per i Medici di Medicina Generale

Dal momento che i medici di medicina generale sono spesso il primo punto di contatto per le persone in crisi, fornire loro una formazione specifica su come identificare e rispondere ai segni di suicidio e di disagio mentale è fondamentale. Ciò può includere la formazione sulle modalità di colloquio sul suicidio, sull'identificazione dei segni di allarme e sulle procedure di rinvio.

La complessità e la multifacedalità del suicidio e della prevenzione del suicidio richiedono un approccio olistico e multidimensionale che tenga conto dei molteplici fattori e dinamiche in gioco. Ciascun elemento dell'intervento precoce dovrebbe essere considerato con la consapevolezza della sua interconnessione con gli altri, e l'implementazione dovrebbe essere guidata da principi di umanità, rispetto e basata sull'evidenza scientifica.

Strategie di Intervento nella Comunità Scolastica

Nelle scuole, l'implementazione di programmi di sensibilizzazione e intervento precoce è fondamentale. Includere nel curriculum scolastico lezioni riguardanti la salute mentale, gestione dello stress e abilità di coping, può

contribuire a sviluppare una consapevolezza
precoce tra gli studenti. È anche cruciale formare
il personale scolastico e gli educatori su come
riconoscere e rispondere adeguatamente ai segni
di allarme nei giovani e fornire loro linee guida
chiare su come gestire queste situazioni sensibili
e a chi rivolgersi.

Campagne di Sensibilizzazione Pubblica

Le campagne di sensibilizzazione che puntano a
educare il pubblico sui segni del disagio mentale
e su come intervenire possono essere strumentali
nel fornire alle persone le competenze necessarie
per agire in situazioni di crisi. Queste campagne
possono utilizzare vari media, come social media,
televisione e radio, per raggiungere un pubblico
ampio e diversificato, e dovrebbero essere
formulate in modo tale da essere culturalmente
sensibili e accessibili.

Lavoro con le Famiglie

Lavorare con le famiglie, offrendo formazione e
supporto su come affrontare e discutere
questioni relative alla salute mentale e al
suicidio, è fondamentale. Le famiglie spesso
giocano un ruolo chiave nell'offrire supporto a
lungo termine e possono beneficiare di strategie
che li aiutano a gestire lo stress, a comunicare
efficacemente e a navigare nel sistema di salute
mentale.

Programmi Postventivi

Inoltre, l'intervento precoce non dovrebbe limitarsi solo a prevenire un primo episodio, ma dovrebbe anche includere il sostegno postventivo per prevenire ulteriori tentativi tra coloro che hanno già sperimentato una crisi suicidaria. Questi programmi possono includere il follow-up regolare, il supporto continuo e la creazione di un piano di sicurezza personale.

Interventi sul Luogo di Lavoro

Considerando l'importante ruolo che il luogo di lavoro può svolgere nel benessere generale di un individuo, sviluppare e implementare programmi di sostegno alla salute mentale nei contesti lavorativi è fondamentale. Ciò può includere programmi di formazione per i dirigenti e i colleghi, politiche di sostegno alla salute mentale e l'accesso a servizi di counselling.

Integrazione dei Servizi

Integrare i servizi di salute mentale con altri servizi sanitari e sociali può anche facilitare l'intervento precoce. Ciò può significare la collaborazione tra i professionisti della salute mentale e altri prestatori di servizi sanitari, come i medici, o la collaborazione con i servizi sociali, per garantire che ci sia un approccio olistico al benessere dell'individuo.

Ricerca Continua

La ricerca continua nel campo della prevenzione del suicidio e dell'intervento precoce è fondamentale per garantire che le strategie e gli interventi siano basati su prove e siano i più efficaci possibili. Ciò include la ricerca su quali strategie funzionano meglio per diverse popolazioni, l'efficacia di diversi tipi di intervento e come migliorare l'accesso ai servizi.

Strategie Culturalmente Sensibili

Poiché le idee e le pratiche relative al suicidio possono variare notevolmente tra le diverse culture e comunità, gli interventi dovrebbero essere culturalmente sensibili e adattati alle specifiche esigenze delle diverse popolazioni. Ciò può includere il lavoro con le comunità per sviluppare programmi e servizi che siano culturalmente pertinenti e accettabili.

Costruzione di una Rete di Sicurezza

Infine, è fondamentale costruire una rete di sicurezza che non solo fornisca supporto immediato durante una crisi, ma anche assistenza e monitoraggio continuo. Le reti di sicurezza possono includere professionisti della salute mentale, famiglia, amici, colleghi e comunità religiose o spirituali.

Nel complesso, la diversità e la vastità degli interventi precoci possibile riflettono la complessità dell'argomento del suicidio e

sottolineano la necessità di un approccio olistico
e integrato per affrontare efficacemente la
prevenzione del suicidio. Gli interventi
dovrebbero essere continuamente valutati e
adattati in base alle esigenze emergenti e alle
nuove scoperte della ricerca, garantendo così che
le strategie siano sempre il più efficaci e
pertinenti possibile.

In conclusione, la tematica dell'intervento
precoce nella prevenzione del suicidio richiede
un'approfondita, attenta e meticulosa analisi e
implementazione di strategie e protocolli chiari.
La dimensione dell'intervento precoce è
complessa e multifaccettata, estendendosi su
diversi ambienti e coinvolgendo numerosi
stakeholder, ognuno dei quali svolge un ruolo
critico nel costruire un approccio olistico e
preventivo.
La necessità di costruire un intervento precoce
richiede una concretizzazione attraverso la
formazione delle persone, la costruzione di reti di
sicurezza solide, la gestione efficace dei rischi e
una comunicazione chiara e non stigmatizzante.
È vitale riconoscere che ogni singola strategia
non funziona in isolamento ma è un ingranaggio
in una macchina molto più ampia che si occupa
della prevenzione del suicidio. Ciò significa che
c'è bisogno di una sinergia tra diverse strategie,

creando un sistema dove la falla di un singolo approccio può essere tamponata o sostenuta da un altro.

Le strategie di intervento precoce non devono solo essere implementate ma devono essere continuamente valutate e rielaborate per garantire che restino pertinenti e efficaci. Ogni intervento, che sia in ambito scolastico, lavorativo, familiare o comunitario, dovrebbe essere valutato regolarmente per assicurare che i suoi risultati siano allineati con gli obiettivi previsti e che ogni individuo coinvolto riceva il sostegno necessario.

L'incorporamento della ricerca e dell'innovazione nel campo dell'intervento precoce è cruciale. In quanto tale, anche se una particolare strategia o approccio è stato efficace in passato, c'è sempre spazio per l'innovazione e l'adattamento in risposta ai mutamenti sociali, culturali e tecnologici. La ricerca dovrebbe guidare non solo la creazione di nuovi interventi ma anche la revisione di quelli esistenti, garantendo che rimangano attuali e efficaci.

L'intervento precoce deve inoltre essere flessibile e adattabile alle esigenze specifiche degli individui e delle comunità. Considerando le differenze culturali, sociali ed economiche, gli interventi devono essere modellati in modo tale da rispecchiare e rispettare la diversità degli individui coinvolti, assicurando che l'accesso e il supporto siano equitativi e inclusivi.

Da sottolineare è anche l'importanza del supporto continuo e della creazione di reti di sostegno durature. L'intervento precoce non deve concludersi con la stabilizzazione della crisi immediata, ma deve piuttosto fungere da punto di partenza per un sostegno a lungo termine, garantendo che l'individuo sia incanalato verso un percorso di recupero e benessere duraturo.

In somma, l'intervento precoce nella prevenzione del suicidio è una componente cruciale di un approccio multidimensionale. Richiede un impegno coerente e coordinato tra diversi settori e livelli di società, unendo le mani per creare un ambiente che non solo reagisca in modo efficace e tempestivo alla crisi ma lavori anche proattivamente per prevenire la crisi, sostituendo la disperazione con la speranza attraverso l'azione, la comprensione e il sostegno continuo.

8. Prevenzione nelle Scuole • Programmi e approcci.

Il tema della prevenzione del suicidio nelle scuole è cruciale considerando l'importante ruolo che il contesto scolastico gioca nella vita dei giovani. Le scuole non sono solo istituti di apprendimento, ma anche luoghi fondamentali dove gli studenti sviluppano abilità sociali, emotive e psicologiche. Perciò, l'ambiente scolastico diventa un campo fertile per implementare programmi ed approcci che mirano alla prevenzione del suicidio.

Programmi di prevenzione

1. **Educazione alla Salute Mentale:**
   - Programmi che mirano ad educare gli studenti sulla salute mentale, sfatando miti e incoraggiando un dialogo aperto.
   - Implementazione di curricola che integrino le competenze di alfabetizzazione emotiva e mentale.

2. **Addestramento per il Riconoscimento dei Segni:**
   - Formazione di insegnanti e staff scolastico per riconoscere segni e sintomi di disagio mentale e potenziale rischio suicidario.
   - Fornire agli studenti le competenze per riconoscere i segnali di pericolo nei loro coetanei.

3. **Interventi Psicoeducativi:**
   - Workshop e sessioni di consapevolezza che facilitino la comprensione di temi quali stress, ansia e depressione tra gli studenti.
   - Creare gruppi di supporto peer-to-peer e fornire un ambiente sicuro per condividere esperienze e sentimenti.

Approcci

1. **Creare un Ambiente di Supporto:**
   - Sviluppare una cultura scolastica che promuove inclusività, empatia e sostegno reciproco.
   - Stabilire un ambiente in cui gli studenti si sentano sicuri di esprimere le loro preoccupazioni e i loro sentimenti senza paura di stigma.

2. **Interventi e Piani di Crisi:**
   - Stabilire chiari protocolli d'intervento in caso di crisi o quando uno studente mostra segni di comportamento suicidario.
   - Collaborare con professionisti della salute mentale e servizi esterni per fornire un sostegno mirato.

3. **Coinvolgimento dei Genitori e della Comunità:**
   - Assicurarsi che i genitori siano informati e coinvolti nei programmi di prevenzione e negli interventi.
   - Creare partnership con organizzazioni esterne e professionisti per arricchire e supportare le iniziative della scuola.

4. **Promozione del Benessere:**
   - Implementare programmi che promuovano il benessere generale, come attività fisica, arte e occasioni di socializzazione positiva.

- Fornire risorse e strumenti che facilitino lo sviluppo di abilità di coping e resilienza tra gli studenti.

5. **Counseling e Supporto Psicologico:**
   - Disporre di un team di professionisti della salute mentale all'interno della scuola che possano fornire counseling e supporto.
   - Creare spazi dedicati dove gli studenti possano accedere liberamente per cercare aiuto e consiglio.

Questi punti elencati sono fondamentali ma rappresentano solo l'inizio della conversazione su come le scuole possono proattivamente affrontare e prevenire il suicidio tra gli studenti. È essenziale che ogni strategia o programma sia continuamente valutato e adattato alle specifiche esigenze della comunità scolastica, assicurando così che l'approccio sia sempre attuale, efficace e sostenibile nel tempo. E, ancor più critico, ogni passo intrapreso deve essere intriso di empatia, comprensione e un impegno genuino verso il benessere degli studenti.

Per incrementare la profondità della prevenzione del suicidio nelle scuole, è imperativo esplorare ulteriormente varie sfaccettature e strategie.

Educazione e Comunicazione Riguardante il Suicidio

- **Apertura sul Discorso di Salute Mentale:**

- Creare programmi di studi che includano la storia e la sociologia della salute mentale e dei disturbi correlati, analizzando come varie culture e società li hanno percepiti e gestiti nel tempo.
  - Utilizzare storie di casi, testimonianze e altri materiali multimediali per presentare varie prospettive ed esperienze riguardanti la salute mentale e il suicidio.
- **Dialoghi e Forum:**
  - Organizzare forum e dialoghi aperti dove gli studenti possono discutere liberamente dei loro pensieri e sentimenti relativi al suicidio e alla salute mentale, sempre in un ambiente sicuro e supportivo.
  - Coinvolgere esperti, sopravvissuti al suicidio e loro familiari in discussioni e presentazioni per esplorare diverse dimensioni dell'argomento.

Innovazione Tecnologica nella Prevenzione

- **Piattaforme Digitali:**
  - Sviluppare piattaforme online e app che forniscono risorse, informazioni e supporto per la salute mentale.
  - Utilizzare la tecnologia per fornire accesso a supporto psicologico virtuale e counseling online, specialmente in tempi di crisi.
  -

- **Campagne sui Social Media:**
  - Lanciare campagne sui social media che accentuano l'importanza del benessere mentale e delle reti di supporto.
  - Creare contenuti digitali, come video, podcast e blog, che esplorino vari aspetti del benessere mentale e del suicidio, sempre enfatizzando storie positive e mesaggi di speranza e resilienza.

Politiche Scolastiche

- **Politiche Inclusive e Anti-Bullo:**
  - Implementare e fare rispettare politiche rigorose contro il bullismo e la discriminazione, assicurando che tutti gli studenti siano trattati con rispetto e dignità.
  - Garantire che le politiche scolastiche riguardo al suicidio e alla salute mentale siano trasparenti, accessibili e comprensibili per studenti, personale e genitori.

- **Assistenza nella Transizione Scolastica:**
  - Sviluppare programmi che assistano gli studenti durante i periodi di transizione, come l'ingresso a scuola o il passaggio alla scuola superiore, affinché possano adattarsi e gestire lo stress in modo efficace.

- Creare reti di supporto specifiche per assistere gli studenti durante esami e altri periodi potenzialmente stressanti.

Collaborazione con la Comunità Esterna

- **Collaborazione con Organizzazioni di Salute Mentale:**
    - Stabilire partnership con organizzazioni locali e nazionali specializzate in salute mentale e prevenzione del suicidio.
    - Coinvolgere organizzazioni non governative e altre entità per implementare programmi di intervento precoce e consapevolezza nelle scuole.

- **Iniziative Comunitarie:**
    - Organizzare eventi comunitari, come marce, convegni e workshop, focalizzati sulla consapevolezza del suicidio e sulla promozione della salute mentale.
    - Incentivare la partecipazione degli studenti in progetti e iniziative legate alla salute mentale all'interno della comunità più ampia.

Metodologie Didattiche

- **Insegnamento Empatico:**
    - Formare il corpo docente a integrare metodi di insegnamento empatico e supportivo, promuovendo un ambiente di apprendimento positivo e inclusivo.

- Introdurre moduli e corsi che esplorino le abilità di vita, come la gestione dello stress, la risoluzione dei conflitti e le competenze interpersonali, nel curriculum scolastico.

Ogni componente di questa struttura multidimensionale di prevenzione del suicidio nelle scuole dovrebbe essere attentamente pianificato, eseguito e continuamente valutato e raffinato per assicurare la sua efficacia e rilevanza. L'impatto della prevenzione del suicidio va ben oltre la mera riduzione dei tassi di suicidio, coinvolgendo il miglioramento complessivo del benessere e della qualità della vita degli studenti e della comunità scolastica nel suo insieme.

Supporto Peer-to-Peer e Mentorship

- **Programmi di Mentorship:**
    - Implementare programmi dove gli studenti più grandi agiscono come mentori per quelli più piccoli, fornendo un primo punto di contatto e supporto peer-to-peer.
    - Promuovere una cultura di apertura e accettazione tra pari, incoraggiando gli studenti a cercare aiuto tra di loro.
- **Gruppi di Supporto:**
    - Formare gruppi di supporto guidati da studenti che agiscono come spazi sicuri per

parlare di preoccupazioni, paure e sfide
relative alla salute mentale e allo stress.

Sviluppo Professionale per Insegnanti e Staff

- **Formazione Continua:**
    - Fornire opportunità regolari di formazione
      professionale per insegnanti e staff su temi
      quali il riconoscimento dei segni di allarme
      del suicidio e l'intervento precoce.
    - Impegnarsi in workshop e seminari
      riguardanti nuove ricerche e strategie
      efficaci nella prevenzione del suicidio tra gli
      adolescenti.

Inclusione dei Genitori

- **Sessioni Informativa per i Genitori:**
    - Tenere sessioni regolari per informare i
      genitori sui segnali di allarme del suicidio e
      su come avvicinarsi e parlare con i propri
      figli riguardo a questi temi.
    - Creare manuali e risorse che guidino i
      genitori su come supportare
      proattivamente il benessere mentale dei
      loro figli a casa.
- **Consulenza Familiare:**
    - Disponibilizzare consulenti specializzati
      per guidare le famiglie attraverso momenti
      difficili e offrire supporto e strategie
      pratiche per gestire le crisi.

Integrazione della Salute Mentale nel Curriculum

- **Moduli Didattici:**
  - Integrare moduli specifici di salute mentale all'interno del curriculum scolastico, assicurandosi che gli studenti ricevano informazioni accurate e dettagliate sulla salute mentale.
  - Discutere vari aspetti della salute mentale in modo continuativo attraverso diverse materie e non solo in un contesto sanitario, ma anche in un contesto sociale e storico.

Sicurezza e Benessere dello Studente

- **Politiche di Sicurezza:**
  - Sviluppare e mantenere politiche che promuovano un ambiente scolastico sicuro e supportivo, proteggendo gli studenti da bullismo, violenza e discriminazione.
  - Garantire che le politiche siano chiare, comunicate efficacemente e coerentemente applicate.
- **Programmi di Benessere:**
  - Implementare programmi che promuovano attività fisica, nutrizione sana e abitudini di sonno regolari come parte integrante del benessere mentale.
  - Creare eventi, workshop e attività che esaltano il benessere e insegnano agli studenti strategie per gestire lo stress, come

la meditazione, lo yoga e le tecniche di rilassamento.

Servizi di Salute Mentale in Loca

- **Accesso a Consulenti:**
    - Garantire che vi sia un numero adeguato di consulenti e psicologi scolastici accessibili agli studenti.
    - Creare un ambiente in cui gli studenti si sentano liberi di cercare aiuto senza stigma e con la sicurezza della confidenzialità.

Queste diverse componenti del sistema di prevenzione nelle scuole sottolineano la complessità e la multiformità degli approcci necessari per affrontare in modo efficace il suicidio e i problemi di salute mentale. Non c'è una soluzione unica o un approccio "taglia unica" quando si tratta della prevenzione del suicidio tra gli adolescenti. La diversità delle strategie utilizzate dovrebbe riflettere la diversità degli studenti stessi, riconoscendo e onorando le loro singole esperienze, sfide e bisogni.

La prevenzione del suicidio nelle scuole è un tema multifacettato che esige un approccio olistico, comprensivo e intriso di empatia e competenza professionale. La necessità di integrare programmi di prevenzione e sensibilizzazione attraverso varie dimensioni delle esperienze scolastiche si basa sulla comprensione che il benessere degli studenti è interconnesso con il loro ambiente di apprendimento, le relazioni con coetanei e insegnanti, e il supporto da parte della famiglia e della comunità.

La realizzazione di programmi di prevenzione efficaci nelle scuole non è soltanto una questione di implementare determinate politiche o pratiche, ma anche di creare una cultura scolastica che valorizzi il benessere mentale. Questa cultura dovrebbe permeare ogni aspetto dell'esperienza scolastica, dal curriculum alle attività extrascolastiche, passando per le relazioni tra coetanei e le interazioni con il personale scolastico. È cruciale che gli studenti percepiscano la scuola come un luogo sicuro, un rifugio dove possono esprimere le loro preoccupazioni e sfide senza paura di stigma o giudizio.

Programmi e approcci mirati a sostenere la salute mentale e prevenire il suicidio devono essere basati su ricerche scientifiche e migliori pratiche, ma devono anche essere flessibili e adattabili alle esigenze specifiche di ogni comunità scolastica. Considerando l'eterogeneità degli ambienti scolastici, le differenze culturali, socioeconomiche, e le dinamiche familiari, gli approcci devono essere sufficientemente versatili per affrontare una vasta gamma di sfide e bisogni.

Inoltre, la formazione del personale scolastico e l'integrazione di professionisti della salute mentale all'interno delle scuole sono di fondamentale importanza per garantire che gli studenti abbiano accesso a supporti adeguati quando ne hanno bisogno. La presenza di professionisti con adeguata formazione consente di identificare prontamente i segni premonitori e interventi precoci, riducendo così il rischio di crisi.

La collaborazione tra scuole, famiglie e professionisti della salute mentale garantisce un approccio omogeneo e consolidato alla prevenzione del suicidio. Il coinvolgimento dei genitori e degli altri membri della comunità nell'educazione alla salute mentale e nelle iniziative di prevenzione rafforza il tessuto sociale in cui gli studenti sono immersi, e fornisce una rete di sicurezza più ampia e interconnessa.

In conclusione, la prevenzione del suicidio nelle scuole deve essere intesa come una missione comunitaria, dove ogni stakeholder, dall'insegnante al genitore, dall'amico al professionista della salute, ha un ruolo vitale nel sostegno alla vita e al benessere degli studenti. Ogni sforzo, iniziativa e strategia implementata dovrebbe essere guidata da un profondo rispetto e comprensione delle sfide che gli studenti possono affrontare, assicurando che ogni studente si senta visto, ascoltato e, soprattutto, valorizzato.

9. Ruolo dei Mass Media • Responsabilità e influenze.

Il ruolo dei mass media nella prevenzione del suicidio e nella diffusione di consapevolezza sulla salute mentale è fondamentale e poliedrico. Le rappresentazioni dei mass media possono influenzare significativamente la percezione del pubblico rispetto ai temi della salute mentale e del suicidio, modulando atteggiamenti, comportamenti e, in ultima analisi, la cultura circostante.

Responsabilità dei Mass Media

I media hanno la responsabilità di affrontare il tema del suicidio in modo etico, informato e supportivo, data la loro estesa portata e l'influenza che possono avere sul pubblico.

- **Rispetto per la Persona**: La dignità e il rispetto per chi ha perso la vita e per i sopravvissuti (familiari e amici) dovrebbe essere centrale. La divulgazione di dettagli specifici e grafici legati all'atto del suicidio può essere

traumatica per i familiari e dannosa per il
pubblico.

- **Prevenire l'Effetto Werther**: Numerose
ricerche indicano che una copertura mediatica
inappropriata del suicidio può indurre "effetti
contagio" o "suicidi imitativi", soprattutto tra le
persone a rischio. D'altro canto, le storie che
esplorano il superamento positivo delle crisi
possono avere un effetto protettivo.
- **Informazione**: Fornire informazioni su dove
trovare supporto, come linee di aiuto e risorse
per la salute mentale, è essenziale per offrire
opzioni concrete a chi sta soffrendo.

Influenze dei Mass Media

- **Creazione di Narrativa**: I media giocano un
ruolo cruciale nella formazione della narrativa
collettiva attorno al suicidio e alla salute mentale,
influenzando sia la percezione del problema che
le norme sociali ad esso associate.
- **Educare il Pubblico**: I media possono servire
come strumento educativo, aumentando la
consapevolezza e la comprensione delle questioni
relative alla salute mentale e al suicidio, sfatando
miti e promuovendo una visione olistica e
umana.
- **Promuovere la Prevenzione**: Essi possono
anche svolgere un ruolo proattivo nella
prevenzione del suicidio, promuovendo storie di

speranza e recupero, e condividendo risorse utili e informazioni su dove e come ottenere aiuto.

- **Amplificazione delle Voci Degli Esperti**: Garantire che le voci degli esperti e dei professionisti della salute mentale siano presenti e valorizzate nei discorsi mediatici può assicurare che l'informazione diffusa sia accurata, basata su evidenze scientifiche e costruttiva.

La collaborazione tra professionisti dei media e esperti di salute mentale è quindi essenziale per sviluppare linee guida e strategie efficaci nella comunicazione su temi così delicati e vitali come il suicidio. Un impegno etico e informato da parte dei mass media non solo favorisce un'informazione corretta e una maggiore consapevolezza, ma può anche costruire ponti di speranza e supporto per chi naviga attraverso le acque tempestose della disperazione e del dolore.

Campagne Mediatiche Proattive

I media non dovrebbero soltanto essere cauti nel reportare i casi di suicidio, ma anche attivi nel promuovere campagne di consapevolezza e di prevenzione del suicidio.

- **Testimonianze Positive**: Condividere storie di chi ha affrontato momenti di crisi, ma ha trovato aiuto e ha percorso un sentiero verso il recupero, può fornire speranza e incentivare a cercare sostegno.

- **Collaborazioni**: Creare collaborazioni con organizzazioni di salute mentale, esperti, e persone con esperienze vissute, per progettare campagne mediatiche che siano accurate, empatiche e informative.

Rappresentazione Cinematografica e Televisiva

- **Analisi Critica**: I film e le serie TV che trattano temi di suicidio o salute mentale devono essere analizzati criticamente e discussi nei media, mettendo in luce ciò che funziona e ciò che può essere dannoso nella rappresentazione.
- **Dialogo**: I media possono creare spazi per discutere le rappresentazioni mediatiche della salute mentale e del suicidio, coinvolgendo il pubblico in un dialogo aperto e educativo.

Social Media e Prevenzione del Suicidio

La sfera dei social media rappresenta un terreno particolarmente delicato e influente quando si tratta di tematiche di salute mentale e suicidio.

- **Piattaforme**: Le piattaforme di social media possono diventare sia luoghi di supporto che potenziali trigger. La regolamentazione del contenuto, insieme alla facilitazione di accesso a risorse di supporto, sono strategie cruciali.
- **Comunità Online**: Esplorare e discutere il ruolo delle comunità online, dove le persone cercano e offrono supporto reciproco, e la

necessità di monitorarle adeguatamente per prevenire possibili danni.

Criticità e Opportunità dei Media Digitali

- **Accessibilità**: Il lato positivo dei media digitali riguarda l'accessibilità e la disseminazione di informazioni su ampia scala, ma ciò comporta anche il rischio di diffondere contenuti dannosi o fake news relative alla salute mentale.

- **App e Tool Digitali**: La presentazione e la recensione di app e strumenti digitali dedicati al benessere mentale, verificandone l'affidabilità e l'efficacia basata su evidenze scientifiche.

- **Forum e Blog**: I media possono ospitare forum e blog che offrono spazio a professionisti della salute mentale, persone con esperienze vissute, e loro familiari, per condividere insight, storie e risorse.

Coinvolgimento dei Giovani

- **Linguaggio Giovane**: Adottare un linguaggio e formati che siano in risonanza con i giovani, per assicurarsi che i messaggi di prevenzione del suicidio siano recepiti e compresi da questa fascia demografica particolarmente a rischio.

- **Educare sul Cyberbullismo**: Affrontare la problematica del cyberbullismo, le sue conseguenze sulla salute mentale dei giovani e come prevenirlo e combatterlo.

La strategia mediatica volta alla prevenzione del suicidio e alla promozione della salute mentale deve essere una sinergia tra accuratezza informativa, sensibilità umana, etica professionale e un impegno genuino verso il benessere della comunità. La sfida è integrare queste componenti in modo coeso, creando contenuti che non solo informino, ma anche formino, sostengano e ispirino il pubblico verso una cultura di solidarietà, comprensione e prevenzione attiva nei confronti del suicidio e delle questioni di salute mentale.

Strategie di Comunicazione Positiva

- **Storytelling Costruttivo**: Le modalità con cui i media narrano storie di crisi e recupero possono influire notevolmente su come il pubblico percepisce e comprende la salute mentale e il suicidio, rendendo pertanto fondamentale promuovere narrazioni che enfatizzino resilienza e speranza.
- **Casi Studio**: Esplorare e presentare casi studio di campagne mediatiche ben riuscite, che hanno utilizzato i media come mezzo per favorire l'awareness sulla salute mentale e la prevenzione del suicidio in maniera etica e rispettosa.

Media come Strumento Educativo

- **Workshop e Webinar**: Organizzare e promuovere eventi, workshop e webinar che mirano a educare il pubblico su come i media possono e devono parlare di suicidio, e su come i consumatori dei media possono elaborare criticamente le informazioni ricevute.

- **Materiali Educativi**: Creare e diffondere materiali educativi che guidino i media su come rapportarsi con il tema del suicidio e informare anche la comunità su come riconoscere i segnali d'allarme e le risorse disponibili.

Responsabilità dei Giornalisti

- **Codici Etici**: Promuovere la creazione e l'adozione di codici etici rigorosi relativi alla reportistica su temi di suicidio, evidenziando l'importanza di terminologie appropriate, toni rispettosi e omissione di dettagli sensibili o grafici.

- **Formazione dei Giornalisti**: Sottolineare l'importanza della formazione specifica per i giornalisti che coprono argomenti di salute mentale e suicidio, assicurando che siano adeguatamente preparati per trattare questi temi con sensibilità e accuratezza.

Tecnologia e Innovazione

- **Intelligenza Artificiale**: Esplorare le potenzialità e le sfide dell'utilizzo dell'intelligenza artificiale e algoritmi nelle piattaforme di social media per identificare e supportare utenti a rischio.

- **Realità Virtuale**: Valutare l'impiego della realtà virtuale come strumento per creare esperienze immersive destinate a educare il pubblico sulla salute mentale, simpatia e empatia.

Dialogo Culturale e Sociale

- **Tabù Culturale**: Affrontare il tabù culturale che circonda il suicidio in diverse comunità e come i media possono sfidare e trasformare tali percezioni attraverso contenuti informativi e compassione.
- **Diversità e Inclusività**: Assicurare che le narrazioni mediatiche sulla prevenzione del suicidio siano inclusive e rappresentative delle diverse esperienze e sfide che le varie comunità e gruppi sociali affrontano.

Politiche Pubbliche e Advocacy

- **Advocacy**: Discutere il ruolo dei media nell'advocacy, sottolineando come possono essere utilizzati come uno strumento per influenzare positivamente le politiche pubbliche e le normative in materia di prevenzione del suicidio.
- **Riforma Legislativa**: Esplorare e dibattere su proposte di riforme legislative che mirano a regolare la reportistica sui suicidi e la rappresentazione della salute mentale nei media.

La complessità del ruolo dei media nella prevenzione del suicidio richiede una comprensione profonda e multifacettata dei loro effetti potenziali sulle varie sfere della società. Gli sforzi collettivi di giornalisti, produttori di contenuti, professionisti della salute mentale, policymakers e il pubblico generale sono fondamentali per forgiare un ecosistema mediatico che sostenga attivamente la prevenzione del suicidio attraverso l'informazione, l'educazione e la creazione di un ambiente digitale sicuro e sostenibile.

Contributo dei Media allo Stigma

Il modo in cui i media riferiscono sul suicidio e la salute mentale può avere un ruolo significativo nella perpetuazione o mitigazione dello stigma associato a queste tematiche. Spesso, la narrativa mediatica potrebbe involontariamente promuovere stereotipi dannosi o perpetuare miti, cosa che, in ultima analisi, può aumentare lo stigma e creare un ambiente meno favorevole per coloro che cercano aiuto. È cruciale esaminare e analizzare come:

- **Narrazioni Dannose**: I media potrebbero utilizzare termini e linguaggi che percepiscono il suicidio e la malattia mentale come "debolezza" o come qualcosa di cui "vergognarsi", sminuendo in tal modo la gravità e la complessità della salute mentale.

- **Inaccuratezze e Sensazionalismo**: La copertura mediatica, spesso, potrebbe enfatizzare eccessivamente aspetti sensazionalistici di storie di suicidio, trascurando il contesto più ampio, gli aspetti umani e la prevenzione.

Campagne di Sensibilizzazione

I media hanno il potere di lanciare e promuovere campagne di sensibilizzazione volte a elevare la consapevolezza pubblica riguardo al suicidio e alla sua prevenzione, nonché sui problemi di salute mentale in generale.

- **Spot e Annunci Pubblicitari**: I media possono veicolare messaggi positivi attraverso spot e annunci pubblicitari che promuovono la solidarietà, l'apertura e la disponibilità a discutere di salute mentale e suicidio.
- **Interviste ed Esperienze**: Condividere storie di chi ha esperienze dirette, come sopravvissuti al suicidio o coloro che hanno perso una persona cara, può offrire una prospettiva umanizzante e reale che può contribuire a smontare miti e preconcetti.

Analisi Critica

La critica e l'analisi del modo in cui il suicidio è rappresentato nei media e nella cultura pop possono fornire un'importante piattaforma per la discussione e l'educazione.

- **Recensioni e Commentari**: Fornire recensioni e commentari sugli aspetti problematici o positivi della rappresentazione dei suicidi nei film, serie TV e letteratura.
- **Discussioni Aperte**: Creare spazi per discussioni aperte e dialoghi su piattaforme mediatiche per esplorare le diverse opinioni e perspective su tematiche di suicidio e salute mentale.

Spazio alla Scienza e alla Ricerca

- **Diffusione di Ricerche**: Dedicare spazio alla presentazione e discussione di nuove ricerche e scoperte scientifiche nel campo della prevenzione del suicidio e della salute mentale.
- **Interviste a Esperti**: Far spazio a interviste con esperti nel campo della psicologia, psichiatria e ricerca sui suicidi per offrire spunti basati su evidenze scientifiche e dati reali.

Evoluzione del Digitale

Con l'evoluzione del mondo digitale, anche le dinamiche dei media stanno cambiando, introducendo nuove sfide e opportunità.

- **Forums e Comunità Online**: Comprendere e discutere il ruolo dei forums online e delle comunità virtuali nella prevenzione del suicidio e nella diffusione di informazioni correlate.
- **Iniziative sui Social Media**: Sviluppare e analizzare iniziative specifiche sui social media che mirano a informare, educare e fornire

supporto in materia di salute mentale e prevenzione del suicidio.

Navigare attraverso le sfide e le opportunità presentate dai media richiede una navigazione accurata e un impegno costante verso l'equilibrio tra libertà di espressione e responsabilità etica. La co-creazione di un ambiente mediatico che sostenga e favorisca il benessere mentale e la prevenzione del suicidio è un compito collettivo che coinvolge giornalisti, creatori di contenuti, professionisti della salute mentale, legislatori e, naturalmente, il pubblico.

Linee Guida per la Comunicazione sui Suicidi

La creazione e l'adozione di linee guida per la comunicazione sui suicidi è fondamentale per garantire che i media trattino l'argomento con sensibilità e accuratezza.

- **Creazione di Linee Guida**: Collaborazione tra esperti di media e di salute mentale per sviluppare linee guida sui reportage dei suicidi.

- **Formazione dei Giornalisti**: Programmi di formazione specifici per i giornalisti su come seguire le linee guida e adottare un approccio etico e informato.

Serie e Film

La rappresentazione del suicidio nelle serie TV e nei film spesso genera ampie discussioni e

dibattiti, evidenziando l'importanza di una
rappresentazione accurata e rispettosa.

- **Analisi di Caso**: Esaminare specifici casi di
  rappresentazioni mediali del suicidio, discutendo
  le reazioni del pubblico e l'impatto culturale.
- **Consultazione di Esperti**: L'importanza della
  consulenza da parte di esperti di salute mentale
  durante la produzione di contenuti mediatici che
  trattano il suicidio e la salute mentale.

Tecnologia e Salute Mentale

L'intersezione tra tecnologia e salute mentale
offre opportunità e sfide uniche nell'ambito della
prevenzione del suicidio.

- **App di Salute Mentale**: Discussione sulla
  crescente disponibilità di app di salute mentale e
  sul loro ruolo nella prevenzione del suicidio e nel
  sostegno alla salute mentale.
- **Piattaforme di Ascolto**: Esplorazione e analisi
  delle piattaforme online come spazi dove le
  persone condividono le loro esperienze e cercano
  sostegno.

Perspettiva Globale

Un'analisi della rappresentazione e dell'impatto
dei media sul suicidio da una prospettiva globale.

- **Comparazioni Culturali**: Analizzare come
  diversi contesti culturali e nazionali influenzano
  la percezione e la rappresentazione mediatica del
  suicidio.

- **Casi Internazionali**: Esaminare casi specifici in cui i media internazionali hanno avuto un impatto positivo o negativo sulla percezione pubblica del suicidio.

Influencer e Celebrità

Il ruolo delle celebrità e degli influencer nella creazione di consapevolezza e nella formazione delle percezioni sul suicidio e sulla salute mentale.

- **Testimonianze di Celebrità**: Discussione sull'impatto delle testimonianze delle celebrità relative alle loro esperienze personali con il suicidio o la salute mentale.

- **Supporto e Critiche**: Analizzare come il pubblico e i media rispondono quando le celebrità parlano apertamente di temi di salute mentale e suicidio.

I Media Come Strumento di Educazione

- **Programmi Educativi**: Sviluppo e valutazione di programmi educativi mediatici dedicati alla sensibilizzazione e all'educazione riguardo al suicidio e alla salute mentale.

- **Documentari**: L'importanza e l'impatto dei documentari come strumento di informazione e sensibilizzazione sul suicidio e sulla salute mentale.

In ogni segmento e sotto-segmento relativo ai media e alla prevenzione del suicidio, esiste una rete complessa di fattori, tra cui l'etica, la responsabilità sociale, la necessità di informare il pubblico e il rispetto per le persone colpite direttamente da queste questioni. Navigare attraverso questi aspetti richiede una comprensione approfondita e multidimensionale di come i contenuti mediatici possano influenzare il comportamento, le atteggiamenti e le norme sociali, specialmente in qualcosa di delicato e vitale come la prevenzione del suicidio e la promozione della salute mentale.

10. Supporto Familiare • Come possono aiutare i familiari.

Supporto Familiare: Come possono aiutare i familiari

Il supporto familiare è uno degli elementi chiave nella prevenzione del suicidio e nel benessere della salute mentale. Essere circondati da una rete di sostegno empatica e comprensiva può fare una grande differenza per chi lotta con pensieri suicidi o disturbi della salute mentale. Ecco una panoramica di come i familiari possono fornire un supporto cruciale:
Ascolto Attivo

- **Importanza dell'Ascolto**: Molte persone in difficoltà desiderano semplicemente essere ascoltate. Offrire un orecchio compassionevole senza giudizio può essere estremamente terapeutico.
- **Evitare Interruzioni e Giudizi Precipitati**: Quando si ascolta qualcuno, è essenziale evitare di interrompere o saltare a conclusioni affrettate. La priorità dovrebbe essere comprendere veramente come si sente la persona.
Educazione e Informazione
- **Ricerca**: Familiarizzarsi con le informazioni relative ai disturbi della salute mentale e al suicidio può aiutare a capire meglio ciò che la persona amata sta attraversando.
- **Formazione**: Ci sono molte risorse e corsi disponibili che possono aiutare i familiari a sviluppare competenze per sostenere le persone in crisi.
Creazione di un Ambiente Sicuro
- **Limitare l'Accesso a Mezzi Letai**: Una parte fondamentale della prevenzione del suicidio è assicurarsi che la persona a rischio non abbia facile accesso a metodi per farsi del male.
- **Fornire Un Ambiente Sereno**: Un ambiente familiare calmo e rilassante può aiutare a ridurre l'ansia e lo stress.

Collaborazione con Professionisti

- **Terapia**: Se un familiare sta lottando con pensieri suicidi o disturbi mentali, è importante cercare l'aiuto di professionisti qualificati. La terapia può fornire strumenti e strategie per affrontare le sfide.
- **Coinvolgimento in Piani di Trattamento**: I familiari possono collaborare con i professionisti per sviluppare e attuare piani di trattamento.
Gruppi di Supporto
- **Partecipazione a Gruppi di Supporto**: Esistono numerosi gruppi di supporto per familiari di persone che lottano con problemi di salute mentale. Questi gruppi offrono consigli, supporto e una comunità di individui che condividono esperienze simili.
- **Condivisione di Esperienze**: A volte, condividere le proprie esperienze con altri può fornire una prospettiva preziosa e soluzioni ai problemi comuni.
Promozione del Benessere Generale
- **Attività Fisica e Alimentazione**: Promuovere uno stile di vita sano attraverso l'esercizio fisico e una dieta equilibrata può avere un impatto positivo sulla salute mentale.
- **Mindfulness e Tecniche di Rilassamento**: Introdurre pratiche come la meditazione e lo

yoga può aiutare a gestire lo stress e migliorare il benessere mentale.

In conclusione, i familiari svolgono un ruolo cruciale nel supporto alle persone con problemi di salute mentale o pensieri suicidi. La chiave è l'empatia, l'educazione e l'azione collaborativa. Ogni famiglia è diversa, e ciò che funziona per una famiglia potrebbe non funzionare per un'altra. Tuttavia, l'amore, la comprensione e la determinazione possono fare una grande differenza.

Nella discussione riguardante il supporto familiare nella prevenzione del suicidio e nella salute mentale, è possibile approfondire ulteriormente vari aspetti e sfaccettature del ruolo della famiglia:

Comunicazione Effettiva: La comunicazione è uno strumento fondamentale per stabilire connessioni autentiche. Mantenere le linee di comunicazione aperte permette di rilevare potenziali segnali di allarme o cambiamenti nel comportamento del familiare. Importante è imparare a porre domande aperte, che incoraggiano la persona a parlare dei propri sentimenti, invece di domande chiuse che possono interrompere il flusso di comunicazione.

Educazione Emotiva: Sviluppare una comprensione delle emozioni e come esse influenzano il comportamento può aiutare a riconoscere le sfide e i conflitti interni prima che diventino troppo gravi. Questo può includere la lettura di libri, la partecipazione a seminari o l'accesso a risorse online sulla salute mentale.

Strategie di Coping Condivise: Una famiglia può lavorare insieme per sviluppare strategie di coping. Queste potrebbero includere attività come camminare, leggere, ascoltare musica, fare puzzle o qualsiasi altra cosa che aiuti a distogliere la mente da pensieri negativi o da stress.

Riconoscimento dei Triggers: Ogni individuo potrebbe avere specifici triggers o fattori scatenanti che possono peggiorare il proprio stato d'animo o portare a episodi depressivi. Riconoscere e, se possibile, evitare questi triggers può aiutare a prevenire crisi.

Stabilire Routine Quotidiane: Mantenere una routine quotidiana può aiutare a dare un senso di normalità e struttura. Anche se la routine è semplice come svegliarsi, fare colazione, fare una passeggiata e andare a letto alla stessa ora ogni giorno, può fornire una sensazione di stabilità.

Coinvolgimento nelle Decisioni: È essenziale che il familiare coinvolto nelle sfide di salute mentale sia attivamente coinvolto nelle decisioni riguardanti il proprio trattamento e benessere. Questo dà un senso di controllo e autonomia nella gestione della propria salute mentale.

Evitare la Stigmatizzazione: Una delle barriere più grandi alla ricerca di aiuto per problemi di salute mentale è la paura della stigmatizzazione. È importante che all'interno della famiglia si eviti ogni forma di giudizio o vergogna associata ai problemi di salute mentale.

Sviluppo di un Piano d'Emergenza: Anche se si spera di non doverlo mai usare, avere un piano d'emergenza in caso di crisi può fare la differenza. Questo può includere numeri di telefono di emergenza, informazioni sui farmaci, dettagli sulle preferenze di trattamento e qualsiasi altra informazione rilevante.

Uso Responsabile dei Farmaci: Se un membro della famiglia è sotto farmaci per problemi di salute mentale, è essenziale garantire che questi farmaci vengano assunti come prescritto e che si eviti l'abuso di sostanze.

Incoraggiare la Socializzazione: Anche se può essere difficile per chi soffre di problemi di salute mentale, incoraggiare la socializzazione e la connessione con gli altri può essere benefico. Ciò potrebbe includere partecipare a gruppi di supporto, incontrare amici o anche semplicemente fare una passeggiata in un parco. La chiave, come sempre, è l'empatia, la comprensione e l'azione proattiva. Il supporto familiare può fare una grande differenza nella vita di chi lotta contro problemi di salute mentale.

Il ruolo del sostegno familiare nell'ambito della salute mentale e della prevenzione del suicidio è profondo e multiforme. Mentre abbiamo già discusso di molte strategie e considerazioni, ci sono ancora diversi aspetti da esplorare.

La Terapia Familiare: La terapia familiare è un approccio che coinvolge tutti i membri della famiglia. Questo tipo di terapia può aiutare a identificare dinamiche familiari che potrebbero contribuire ai problemi di salute mentale di un individuo e lavorare per risolverli. È un'opportunità per i familiari di esprimere le proprie preoccupazioni, apprendere nuove strategie di comunicazione e collaborare per trovare soluzioni.

Impatto sui Fratelli: Spesso, l'attenzione si concentra sul membro della famiglia che sta attraversando una crisi di salute mentale, ma i fratelli possono anche risentire dell'impatto. Essi possono sentirsi trascurati, confusi o persino in colpa. Riconoscere e affrontare queste emozioni è fondamentale per garantire il benessere di tutti i membri della famiglia.

Riconoscere i Propri Limiti: Mentre il sostegno familiare è cruciale, è anche essenziale riconoscere quando la famiglia ha bisogno di aiuto esterno. Questo potrebbe significare cercare terapia, gruppi di sostegno o altre risorse comunitarie.

Promozione della Salute Fisica: Oltre alla salute mentale, la salute fisica gioca un ruolo cruciale nel benessere generale. Incoraggiare e sostenere le attività fisiche come lo sport, la meditazione o anche semplici passeggiate può contribuire significativamente al benessere di un individuo.

Creare un Ambiente Sicuro: Per coloro che potrebbero essere a rischio di autolesionismo o suicidio, garantire un ambiente domestico sicuro è fondamentale. Ciò potrebbe significare rimuovere potenziali veleni, farmaci o armi o garantire che vi siano sempre persone presenti quando necessario.

La Formazione sulla Salute Mentale: La formazione può fornire agli amici e ai familiari le competenze necessarie per aiutare una persona con problemi di salute mentale. La formazione può includere la rilevazione di segni e sintomi di problemi di salute mentale, la comprensione di come gestire le crisi e la conoscenza delle risorse disponibili.

Fare Fronte al Proprio Stress: Aiutare un familiare con problemi di salute mentale può essere stressante. I caregiver dovrebbero cercare modi per gestire lo stress, che potrebbe includere terapia, meditazione, esercizio fisico o semplicemente prendersi del tempo per se stessi.

Stabilire Confini Chiari: Mentre è essenziale fornire sostegno, è anche importante stabilire confini chiari. Questo può aiutare a prevenire l'esaurimento del caregiver e garantire che la persona con problemi di salute mentale non diventi eccessivamente dipendente da un singolo individuo.

La Ricerca di Risorse: Ci sono molte risorse disponibili per aiutare le famiglie a comprendere e affrontare problemi di salute mentale, dal counseling ai gruppi di supporto, dai seminari alla letteratura. Avvalersi di queste risorse può fornire preziose informazioni e strumenti per aiutare la famiglia nella sua interezza.

Il supporto familiare, quando offerto con empatia, comprensione e risorse appropriate, può fare una grande differenza nella vita di chi lotta contro problemi di salute mentale. Tuttavia, è essenziale riconoscere che la famiglia non è sempre l'unico supporto necessario, e cercare aiuto esterno quando necessario può essere altrettanto cruciale.

L'appoggio dei familiari è una componente chiave nel percorso di chi affronta sfide legate alla salute mentale, e ogni famiglia può affrontare questi temi in maniere diverse a seconda delle proprie dinamiche e delle proprie risorse.

Educarsi sul Disturbo: È di fondamentale importanza per i familiari educarsi sui problemi di salute mentale che il loro caro sta affrontando. Questo non solo aiuta a dissipare i miti, ma permette anche di avere empatia e comprensione riguardo alle sfide che il loro caro sta affrontando. La conoscenza può portare a una maggiore accettazione e a meno giudizio.

Comunicazione Efficace: La comunicazione è fondamentale. A volte, semplicemente ascoltare senza giudicare può fare una grande differenza. È importante anche esprimere preoccupazione senza essere accusatori o confrontrare l'individuo. La terapia di comunicazione può essere una risorsa preziosa in questo contesto.

Rituali Familiari: Mantenere o stabilire nuovi rituali familiari, come cenare insieme, può fornire una sensazione di normalità e coesione. Questi momenti possono diventare occasioni per il dialogo e la comprensione reciproca.

Rete di Supporto: Mentre la famiglia gioca un ruolo centrale, costruire una rete di supporto estesa può essere benefico. Questa può includere amici, consiglieri, medici, e altri professionisti della salute mentale. Può anche essere utile per i familiari unirsi a gruppi di sostegno specifici per chi si prende cura di persone con problemi di salute mentale.

Coinvolgimento nella Terapia: In alcuni casi, potrebbe essere appropriato per i membri della famiglia partecipare a sessioni di terapia con il loro caro. Questo può offrire spunti preziosi sulla dinamica familiare e su come si può offrire un supporto più efficace.

Rispetto dell'Autonomia: Anche se può essere tentante per i familiari prendere il controllo di molte decisioni, è fondamentale rispettare l'autonomia dell'individuo. Ciò incoraggia l'indipendenza e la fiducia in se stessi.

Riconoscimento delle Piccole Vittorie: Celebrare le piccole vittorie e i progressi può essere un modo efficace per incoraggiare la persona cara e rafforzare la sua fiducia nel percorso di recupero. Questo può variare da raggiungere obiettivi terapeutici a semplici atti di autogestione.

Evitare la Colpevolizzazione: È fondamentale evitare di colpevolizzare la persona per le sue sfide. La salute mentale può essere influenzata da una moltitudine di fattori, molti dei quali sono al di fuori del controllo dell'individuo.

Assistenza Finanziaria: Alcune famiglie potrebbero trovare necessario aiutare finanziariamente, dato che le sfide di salute mentale possono influire sulla capacità dell'individuo di lavorare o gestire le proprie finanze.

Educazione a Toda la Famiglia: Mentre un membro della famiglia potrebbe essere colui che affronta sfide dirette di salute mentale, è benefico educare l'intera famiglia. Questo può aiutare a ridurre lo stigma e a creare un ambiente di supporto e comprensione.

In definitiva, mentre la famiglia può giocare un ruolo fondamentale nel supporto di un membro con problemi di salute mentale, è essenziale affrontare la situazione con empatia, educazione e risorse appropriate. Ogni famiglia è unica e potrebbe essere necessario un approccio personalizzato per garantire il benessere di tutti i membri coinvolti.

Ambiente di Supporto: Creare un ambiente casalingo di supporto è cruciale. Questo non solo si riferisce all'ambiente emotivo, ma anche all'ambiente fisico. Assicurarsi che la casa sia un luogo sicuro, privo di potenziali pericoli, soprattutto se il familiare è a rischio di autolesionismo o suicidio, è essenziale. Inoltre, l'atmosfera della casa dovrebbe essere tranquilla e serena, poiché uno scenario stressante o caotico potrebbe peggiorare certi sintomi.

Gestione dello Stress: Mentre è fondamentale fornire supporto al familiare, è altrettanto importante che la famiglia stessa impari a gestire lo stress associato alla cura di un individuo con problemi di salute mentale. Tecniche come la meditazione, lo yoga o la terapia possono aiutare i familiari a restare centrati e a non sentirsi sopraffatti.

Evitare l'Isolamento: L'isolamento può essere dannoso sia per l'individuo che per la sua famiglia. Incentivare attività di gruppo, sia all'interno che all'esterno della casa, può promuovere la socializzazione e ridurre sentimenti di solitudine o isolamento.

Conoscenza dei Limiti: Nonostante le migliori intenzioni, ci sono momenti in cui un familiare potrebbe non essere attrezzato per gestire determinate situazioni. Riconoscere quando è il momento di chiedere aiuto esterno o considerare l'intervento di professionisti è fondamentale.

Educarsi sui Farmaci: Se il familiare sta assumendo farmaci per la sua condizione, è importante che la famiglia sia informata sugli effetti collaterali, le interazioni e l'importanza dell'aderenza al regime di dosaggio.

Evitare Confronti: Confrontare il progresso del proprio caro con altri o con aspettative preconcette può essere dannoso. Ogni individuo ha il suo ritmo e percorso unico di guarigione e recupero.

Sviluppo di Capacità di Problem-Solving: Le sfide possono emergere inaspettatamente. Aiutare la famiglia a sviluppare competenze di risoluzione dei problemi può essere benefico quando emergono nuove sfide.

Manutenzione della Salute Fisica: Mentre l'attenzione potrebbe concentrarsi sulla salute mentale, la salute fisica è altrettanto importante. Incoraggiare e partecipare a attività fisiche con il familiare, come camminare o fare sport, può essere terapeutico.

Formazione Continua: La comprensione e le risorse disponibili per la salute mentale sono in continua evoluzione. Partecipare a seminari, leggere nuove ricerche o unirsi a gruppi di discussione può aiutare la famiglia a rimanere informata.

Evitare Superprotezione: Anche se può essere un istinto naturale proteggere il proprio caro, può risultare controproducente. Troppo proteggere potrebbe impedire all'individuo di acquisire competenze di vita e autonomia.

Il ruolo di un familiare di qualcuno con problemi di salute mentale è complesso e sfidante. Tuttavia, con risorse appropriate, educazione e supporto, le famiglie possono navigare in questo percorso complesso fornendo sostegno e amore incondizionato.

La famiglia gioca un ruolo inestimabile nel percorso di guarigione e benessere di un individuo che affronta problemi di salute mentale. Quando ci avviciniamo all'argomento del supporto familiare, è essenziale comprendere che si tratta di un sistema bidirezionale: mentre l'individuo ha bisogno di sostegno, affetto e comprensione, anche i membri della famiglia hanno bisogno di risorse e strumenti per affrontare le sfide che possono sorgere.
Per offrire il miglior sostegno possibile, la famiglia deve essere ben informata sulla condizione specifica e sui metodi di trattamento. Questa conoscenza può provenire da vari canali, come professionisti della salute mentale, letteratura accademica, seminari, e gruppi di sostegno. Essere informati aiuta a smantellare miti e pregiudizi, rendendo la famiglia più empatica e pronta ad affrontare situazioni complesse.
Oltre alla conoscenza, la resilienza emotiva è fondamentale. Affrontare le sfide della salute mentale può essere emotivamente drenante, e avere strumenti per gestire lo stress, come terapie, meditazione o esercizio fisico, può essere vitale per mantenere un equilibrio. La famiglia

deve anche riconoscere l'importanza del proprio benessere; solo quando si prendono cura di se stessi possono efficacemente prendersi cura degli altri.

L'ambiente in cui vive l'individuo è di fondamentale importanza. Un ambiente positivo, stimolante e senza giudizio è cruciale per il benessere dell'individuo. Questo include non solo l'atmosfera emotiva ma anche l'ambiente fisico, che dovrebbe essere sicuro e protetto.

Un aspetto spesso trascurato è il bisogno della famiglia di definire chiaramente i propri limiti. Nonostante la volontà di aiutare, ci sono momenti in cui le sfide possono superare le capacità di un familiare. Riconoscere questi momenti e cercare aiuto esterno, che sia un altro familiare, un amico o un professionista, è un segno di forza e saggezza.

In conclusione, mentre la salute mentale di un individuo è al centro delle preoccupazioni, la famiglia che lo circonda è la colonna portante del suo percorso di guarigione. Con la giusta combinazione di informazioni, risorse, resilienza, e un ambiente di sostegno, le famiglie possono navigare con successo attraverso le sfide della salute mentale, promuovendo la guarigione e il benessere dell'individuo, e allo stesso tempo mantenendo la propria salute e integrità emotiva.

11. Strategie di Coping • Metodi per affrontare stress e difficoltà.

Le strategie di coping sono tecniche e metodi che le persone utilizzano per affrontare o superare situazioni difficili o stressanti. Queste strategie possono essere intenzionali (deliberate) o non intenzionali (automatiche) e possono variare ampiamente da individuo a individuo. Alcune strategie possono essere benefiche a breve termine ma dannose a lungo termine, mentre altre possono offrire benefici duraturi. Esaminiamo alcune di queste tecniche in dettaglio:

1. Coping Problema-centrato: Questa strategia mira a affrontare direttamente la fonte dello stress. Può includere la pianificazione, l'azione diretta o la risoluzione dei problemi. Ad esempio, se uno studente è stressato per un esame, può iniziare a studiare in anticipo o cercare aiuto tutoraggio.

2. Coping Emozione-centrato: Questo approccio cerca di cambiare la propria reazione emotiva a una situazione piuttosto che la situazione stessa. Ciò può includere metodi come la meditazione, la respirazione profonda o parlare dei propri sentimenti con qualcuno di fidato.

3. Riorientamento Positiva: Questo implica cercare aspetti positivi o vedere il lato brillante in una situazione altrimenti stressante. Può aiutare a dare un senso o trovare uno scopo in eventi difficili.

4. Utilizzo del Supporto Sociale: Parlare e connettersi con familiari, amici o professionisti può offrire sollievo e una prospettiva diversa sulle sfide affrontate.

5. Distrazione e Attività Divertenti: Attività come leggere, ascoltare musica, guardare un film o dedicarsi a hobby possono offrire una pausa dallo stress e rinfrescare la mente.

6. Esercizio Fisico: L'attività fisica, come camminare, correre o fare yoga, può ridurre i livelli di stress attraverso la produzione di endorfine, spesso chiamate "ormoni della felicità".

7. Limitazione dell'Assunzione di Sostanze: Evitare o ridurre l'uso di alcool, droghe o altre sostanze che possono aggravare lo stress o causare ulteriori problemi di salute.

8. Tecniche di Rilassamento: Questo può includere metodi come la respirazione profonda, la meditazione, l'autoipnosi e la visualizzazione guidata. Queste tecniche aiutano a calmare la mente e il corpo.

9. Mantenere una Routine: Avere una routine quotidiana può offrire una sensazione di normalità in momenti incerti o stressanti.

10. Evitare il Ruminare: Concentrarsi costantemente sulle fonti di stress o preoccuparsi eccessivamente può intensificare i sentimenti di angoscia. Esercizi di consapevolezza o mindfulness possono aiutare a mantenere la mente nel presente.

In conclusione, le strategie di coping sono essenziali per gestire lo stress e navigare attraverso le sfide della vita. La chiave sta nell'individuare quelle strategie che funzionano meglio per l'individuo e nel cercare di implementarle nella vita quotidiana. Con il tempo e la pratica, è possibile sviluppare un arsenale di tecniche che possono aiutare a migliorare la resilienza e il benessere complessivo.

Le strategie di coping non solo aiutano le persone a gestire lo stress, ma possono anche influenzare la qualità della vita, il benessere psicologico e la salute fisica. Le persone spesso sviluppano e adattano le proprie tecniche di coping in base alle loro esperienze di vita, alla loro cultura e ai loro valori personali. Ecco ulteriori approfondimenti sulle strategie di coping:

Adattabilità e Flessibilità: La capacità di adattarsi e cambiare strategie di coping a seconda della situazione è cruciale. Ad esempio, mentre una persona potrebbe trovare sollievo nello scrivere in un diario in una situazione, potrebbe trovare più utile parlare con un amico in un'altra. La flessibilità nel cambiare approccio può fare una grande differenza nella gestione dello stress.

Strategie di Coping Culturalmente Rilevanti: Le strategie di coping possono variare notevolmente tra le diverse culture. Alcune culture possono enfatizzare l'importanza della connessione familiare e della comunità come mezzo per affrontare le difficoltà, mentre altre potrebbero enfatizzare l'indipendenza e l'autosufficienza.

Formazione e Educazione: L'educazione e la formazione su come gestire lo stress e sviluppare resilienza possono essere particolarmente utili. Ciò può includere corsi o workshop su tecniche specifiche, come la gestione del tempo, la risoluzione dei conflitti o la comunicazione efficace.

Limitare l'Esposizione a Stressori: Se possibile, può essere utile limitare o evitare situazioni o persone che sono fonti notevoli di stress. Ciò potrebbe includere la riduzione del tempo trascorso sui social media, se ciò genera ansia, o la ricerca di un ambiente di lavoro meno stressante.

Feedback e Riflessione: Dopo aver utilizzato una strategia di coping, può essere utile riflettere sull'efficacia di tale strategia. Chiedersi: "Ha funzionato? Mi sento meglio? Cosa potrei fare diversamente la prossima volta?" può fornire informazioni preziose.

Sviluppo di Abilità Interpersonali: La capacità di comunicare efficacemente, ascoltare gli altri e costruire relazioni positive può anche servire come una strategia di coping. La costruzione di reti di supporto solide può fornire una risorsa preziosa durante i periodi di stress.

Affrontare la Realtà: Mentre può essere tentante evitare o negare problemi o sentimenti negativi, affrontare la realtà della situazione può essere una strategia di coping efficace a lungo termine. Ciò potrebbe significare affrontare un problema prima che peggiori o cercare aiuto quando si sente sopraffatti.

Auto-Cura: Prendersi cura del proprio benessere fisico può influire positivamente sul benessere mentale ed emotivo. Ciò può includere avere un'alimentazione equilibrata, assicurarsi di dormire a sufficienza e partecipare a attività fisiche regolari.

Cercare Supporto Professionale: Se le strategie di coping personali non sembrano funzionare o se lo stress diventa insopportabile, può essere utile cercare l'aiuto di un professionista. Questo può includere terapisti, consiglieri o altri specialisti della salute mentale. Mentre le persone attraversano diverse fasi della vita, le sfide e gli stressori che incontrano possono cambiare, e così possono cambiare le loro strategie di coping. L'importante è riconoscere quando una strategia non funziona più e avere la volontà e l'apertura di provare qualcosa di nuovo. La comprensione e l'adattamento delle strategie di coping possono aiutare le persone a navigare attraverso le difficoltà della vita con maggiore resilienza e speranza.

Le strategie di coping rappresentano uno degli ambiti più esplorati nella psicologia e nel benessere individuale, data la loro importanza nell'aiutare le persone a gestire situazioni stressanti o traumatiche. Oltre a quelle già discusse, esistono molti altri approcci e tecniche che possono essere utilizzati in vari contesti e per diversi tipi di stress:
Mindfulness e Meditazione: La pratica della mindfulness, o consapevolezza attenta, incoraggia le persone a concentrarsi sul presente, accettando i propri pensieri e sentimenti senza giudizio. La meditazione, in particolare la meditazione basata sulla mindfulness, ha

dimostrato di ridurre l'ansia e lo stress in molte
persone.

Espressione Artistica: Alcune persone
trovano sollievo dallo stress attraverso l'arte, che
potrebbe includere la pittura, la scrittura, la
danza o la musica. Queste attività possono offrire
un modo per esprimere emozioni e pensieri che
potrebbero essere difficili da verbalizzare.

Tecniche di Rilassamento: Queste possono
includere respirazione profonda, rilassamento
muscolare progressivo e visualizzazione guidata.
Queste tecniche aiutano a calmare il corpo e la
mente, riducendo la tensione fisica e mentale.

Ristrutturazione Cognitiva: Questa è una
tecnica della terapia cognitivo-comportamentale
che aiuta le persone a identificare e sfidare i
pensieri negativi o irrazionali che potrebbero
contribuire allo stress.

Impostare Limiti: In un'epoca di costante
connettività e aspettative elevate, può essere
benefico stabilire limiti chiari tra il lavoro e il
tempo libero, tra gli impegni sociali e il tempo
per sé stessi.

Natura e Terapia con gli Animali:
Trascorrere del tempo nella natura o con gli
animali può avere un effetto calmante e
rinvigorente su molte persone. Ci sono molte
ricerche che mostrano i benefici del contatto con

la natura e gli animali per ridurre lo stress e aumentare il benessere generale.

Apprendimento Continuo: L'acquisizione di nuove competenze o la dedizione a un hobby può servire come distrazione dagli stress della vita e dare un senso di realizzazione.

Auto-riflessione e Introspezione: Prendersi del tempo per riflettere sui propri sentimenti e reazioni può aiutare a capire meglio le proprie reazioni allo stress e a identificare strategie più efficaci per gestirlo in futuro.

Cerchia di Supporto: Avere un gruppo di amici o familiari di supporto può fare una grande differenza nel modo in cui una persona affronta lo stress. A volte, semplicemente parlare di ciò che si sta attraversando può aiutare a ridimensionare i problemi e a vedere le situazioni da una prospettiva diversa.

Evitare la Ruminazione: La ruminazione, o il ripensare costantemente a situazioni stressanti o negative, può aumentare i livelli di ansia e stress. Diventare consapevoli di questo comportamento e interromperlo può aiutare a ridurre il suo impatto.

Ognuno ha una sua unica combinazione di strategie di coping che funziona per lui. La chiave è sperimentare e trovare ciò che risulta più efficace per gestire le sfide personali. È anche essenziale riconoscere quando le strategie autonome non sono sufficienti e quando potrebbe essere il momento di cercare aiuto esterno, come un terapeuta o un altro professionista della salute mentale.

La capacità di una persona di affrontare efficacemente lo stress e le sfide della vita dipende da una combinazione di fattori interni ed esterni. Mentre abbiamo già discusso di molte strategie di coping, continuare ad esplorare ulteriori approcci e metodi può fornire un quadro più completo:

Esercizio fisico: L'attività fisica può giocare un ruolo cruciale nel ridurre lo stress. Quando ci si esercita, il corpo rilascia endorfine, sostanze chimiche che funzionano come analgesici naturali del corpo e che migliorano la capacità di dormire, riducendo così lo stress.

Diario: Scrivere i propri pensieri, emozioni e preoccupazioni in un diario può aiutare a chiarire i propri sentimenti e a mettere le cose in prospettiva. Per alcune persone, l'atto stesso di scrivere ha un effetto terapeutico.

Tempo da soli: Mentre il supporto sociale è essenziale, avere del tempo per sé stessi è altrettanto importante. Questo può includere leggere un libro, fare un bagno rilassante o ascoltare musica.

Riduzione dell'assunzione di caffeina: La caffeina può aumentare l'ansia e perturbare il sonno, aggravando lo stress. Limitare o eliminare la caffeina può aiutare alcune persone a sentirsi più rilassate e a dormire meglio.

Prioritizzazione e gestione del tempo: Dividere le attività in compiti gestibili e stabilire delle priorità può rendere la vita meno stressante e più gestibile.

Yoga e Tai Chi: Queste discipline combinano movimento fisico con meditazione e respirazione profonda, aiutando a rilassare la mente e il corpo.

Riduzione dell'esposizione a fonti di stress: A volte, evitare situazioni o persone che causano stress eccessivo può essere benefico. Se ciò non è possibile, trovare modi per cambiare la reazione a tali fonti può essere altrettanto utile.

Risate: Si dice che le risate siano la migliore medicina, e c'è una certa verità in questo. Ridere può aiutare a rilassarsi, migliorare l'umore e ridurre la sensazione di stress.

Apprendimento di nuove abilità: Imparare qualcosa di nuovo, come una lingua o un'abilità manuale, può fornire una distrazione dai problemi e dare un senso di realizzazione.

Tecniche di rilassamento profondo: Queste possono includere biofeedback, dove le persone imparano a controllare funzioni fisiologiche come la frequenza cardiaca, o la tecnica di risposta di rilassamento, che aiuta a produrre una reazione di rilassamento profondo nel corpo.

Ambiente fisico: L'ambiente in cui viviamo e lavoriamo può avere un impatto significativo sul nostro benessere mentale. Creare uno spazio tranquillo e armonioso può aiutare a ridurre lo stress e migliorare l'umore.

L'importante è capire che non tutte le strategie funzioneranno per tutti. La chiave è trovare ciò che funziona meglio per te e integrare queste strategie nella tua routine quotidiana.

Le strategie di coping rappresentano l'insieme di tecniche e metodi che gli individui adottano per affrontare e superare situazioni stressanti, sfidanti o avverse. La comprensione e l'adozione di metodi efficaci di coping sono fondamentali per garantire un buon benessere mentale e per navigare attraverso la complessità della vita quotidiana. Concludendo in modo dettagliato:

Importanza delle strategie di coping: Le persone incontrano una miriade di sfide nel corso della vita, alcune delle quali possono essere travolgenti. Disporre di un set di strategie efficaci di coping aiuta non solo a superare tali sfide, ma anche a crescere e a svilupparsi come individui. Le tecniche di coping offrono strumenti per gestire lo stress, affrontare le avversità e mantenere un equilibrio nella vita.

Personalizzazione delle strategie: Mentre esistono diverse tecniche universalmente riconosciute per gestire lo stress, come la meditazione o l'esercizio fisico, è essenziale sottolineare che ciò che funziona per una persona potrebbe non essere altrettanto efficace per un'altra. Ogni individuo ha una propria storia, un proprio background e una propria personalità, e ciò che potrebbe rappresentare una fonte di rilassamento per qualcuno potrebbe essere stressante per un altro. Pertanto, la chiave del successo nel coping è la personalizzazione e l'adattamento delle tecniche alle proprie esigenze e circostanze.

Evoluzione delle strategie: Come gli individui crescono e si sviluppano, anche le loro esigenze e circostanze cambiano. Di conseguenza, le strategie di coping che erano efficaci in un determinato momento della vita potrebbero non esserlo in un altro. È essenziale riconoscere questi cambiamenti e adattare di conseguenza le proprie tecniche di coping.

Ruolo del supporto sociale: Anche se molte strategie di coping sono individuali, il ruolo del supporto sociale non può essere sottovalutato. Parlare con amici, familiari o professionisti può offrire una prospettiva esterna, fornire conforto e suggerire nuove tecniche di coping che un individuo potrebbe non aver considerato.

Prevenzione e intervento: Mentre molte strategie di coping si concentrano sulla gestione delle sfide quando si presentano, è anche cruciale lavorare sulla prevenzione. Ciò può includere la creazione di un ambiente sano, l'instaurazione di abitudini positive e la costruzione di una rete di supporto. Quando si tratta di situazioni particolarmente gravi o traumatiche, potrebbe essere necessario un intervento professionale per fornire supporto e orientamento.

Conclusione: Le strategie di coping sono fondamentali per affrontare le sfide della vita. Con l'autoconsapevolezza, la personalizzazione e l'adattamento, le persone possono costruire un insieme di strumenti che non solo le aiuteranno a superare le avversità, ma anche a prosperare in ogni fase della vita. Adottare un approccio proattivo, cercare il supporto quando necessario e rimanere aperti all'apprendimento di nuove strategie possono garantire una vita equilibrata e soddisfacente.

12. Accesso alle Cure • Importanza dell'accesso ai servizi di salute mentale.

L'accesso alle cure, in particolare ai servizi di salute mentale, è un argomento di cruciale importanza. La salute mentale, come la salute fisica, ha un impatto profondo sulla qualità della vita di un individuo. Tuttavia, nonostante l'importanza di mantenere una mente sana, molte persone in tutto il mondo affrontano barriere significative nell'accesso ai servizi di salute mentale. Esploriamo questo concetto in dettaglio:

Riconoscimento della Salute Mentale come Priorità: Durante gran parte della storia, la salute mentale è stata trascurata o stigmatizzata, rendendo difficile per le persone cercare aiuto. Oggi, c'è una crescente consapevolezza dell'importanza della salute mentale, ma rimane un settore spesso sottofinanziato e sottovalutato nella sanità. Riconoscere la salute mentale come una priorità uguale alla salute fisica è il primo passo fondamentale.

Impatto Economico e Sociale: La mancanza di accesso ai servizi di salute mentale non ha solo conseguenze per l'individuo. Le società e le economie subiscono il peso dei disturbi mentali non trattati attraverso la perdita di produttività, l'aumento dell'assenteismo e una maggiore incidenza di problemi correlati, come l'abuso di sostanze e la criminalità.

Barriere all'Accesso: Molteplici fattori ostacolano l'accesso ai servizi di salute mentale. Questi includono la mancanza di servizi disponibili, costi proibitivi, stigmatizzazione della malattia mentale, mancanza di informazione e formazione, e barriere culturali o linguistiche.

Interventi Tempestivi: L'accesso tempestivo alle cure è essenziale. Più precoce è l'intervento, migliori sono le prospettive di recupero e gestione della condizione. Ritardare l'accesso alle cure può aggravare i sintomi e complicare il trattamento.

Riduzione della Stigmatizzazione: Uno degli ostacoli più significativi all'accesso alle cure è la stigmatizzazione associata ai disturbi mentali. Campagne di sensibilizzazione e formazione possono aiutare a ridurre la stigmatizzazione e incoraggiare più persone a cercare aiuto quando ne hanno bisogno.

Integrazione dei Servizi: Integrare i servizi di salute mentale nei servizi di assistenza sanitaria primaria può migliorare l'accessibilità. Questo approccio riduce la separazione tra salute fisica e mentale, rendendo più facile per le persone ottenere un'assistenza completa.

Tecnologia e Telemedicina: Con l'avvento della tecnologia, la telemedicina sta diventando sempre più comune. Questo può essere particolarmente utile per le persone in aree remote o per coloro che potrebbero avere difficoltà a raggiungere una clinica o un ospedale.

Conclusione: L'accesso alle cure per la salute mentale è fondamentale per garantire che tutti abbiano la possibilità di vivere una vita sana e appagante. Mentre molte sfide persistono nel garantire questo accesso, la crescente consapevolezza e le innovazioni nel campo offrono speranza per un futuro in cui la salute mentale è riconosciuta e valorizzata alla stregua della salute fisica.

Nel discorso sull'accesso alle cure per la salute mentale, è cruciale riconoscere la diversità delle esigenze e delle esperienze delle persone. Ogni individuo è unico e, pertanto, le soluzioni per garantire l'accesso ai servizi di salute mentale dovrebbero riflettere questa diversità.

Gli ambienti urbani, ad esempio, possono avere un'abbondanza di risorse e servizi disponibili, ma ciò non significa che siano accessibili a tutti. Alcune barriere possono includere lunghi tempi di attesa, la burocrazia nell'ottenere riferimenti appropriati, o la mancanza di servizi specializzati per determinati gruppi, come le minoranze etniche o culturali. Inoltre, in tali ambienti densamente popolati, la sovrappopolazione, la povertà e la mancanza di privacy possono influenzare la propensione delle persone a cercare aiuto.

Le zone rurali e remote presentano sfide completamente diverse. In questi luoghi, potrebbe esserci una mancanza assoluta di servizi. Ciò significa che le persone potrebbero dover viaggiare per lunghe distanze per accedere all'assistenza, il che potrebbe non essere fattibile per coloro che hanno limitate risorse finanziarie o altre restrizioni. E, anche quando i servizi sono presenti, potrebbero non avere le competenze o le risorse per trattare condizioni specifiche o gravi.

Un altro aspetto critico è la formazione dei fornitori di servizi di salute mentale. La formazione continua è essenziale per garantire che i professionisti siano aggiornati sulle ultime ricerche, terapie e approcci basati sull'evidenza. Questo è particolarmente rilevante in un campo in cui emergono continuamente nuove informazioni e ricerche. E non si tratta solo di aggiornare le competenze cliniche. La formazione dovrebbe anche abbracciare aspetti come la sensibilità culturale, la comprensione delle diverse esigenze delle varie comunità e la capacità di lavorare in modo interdisciplinare con altri professionisti.

L'accessibilità finanziaria è un altro ostacolo significativo. In molte regioni, i servizi di salute mentale non sono coperti o sono solo parzialmente coperti dai programmi di assicurazione sanitaria, mettendo le cure al di fuori della portata di molte persone. Questo problema è particolarmente acuto per coloro che si trovano in situazioni di povertà o che hanno un reddito limitato. Pertanto, è fondamentale che i sistemi sanitari riconoscano la salute mentale come una componente essenziale della salute globale e provvedano a finanziarla di conseguenza.

L'ambiente in cui viviamo gioca anche un ruolo importante. Fattori come l'inquinamento, la mancanza di aree verdi o spazi ricreativi, l'isolamento sociale e l'esposizione a traumi o violenze possono avere un impatto significativo sulla salute mentale. Quindi, mentre è fondamentale migliorare l'accesso ai servizi di salute mentale, è altrettanto importante lavorare per creare ambienti sani e sostenibili in cui le persone possano prosperare.

La stigmatizzazione della salute mentale rimane un significativo ostacolo all'accesso alle cure. Se una persona percepisce che verrà giudicata negativamente o discriminata a causa dei propri problemi di salute mentale, è probabile che esiti a cercare aiuto. Il silenzio e l'isolamento che possono derivare dalla paura della stigmatizzazione possono exacerbare i sintomi e le condizioni mentali, portando a un deterioramento della salute mentale e fisica della persona. È quindi essenziale lavorare sulla sensibilizzazione e sull'educazione della comunità per sfidare e cambiare le percezioni negative associate ai problemi di salute mentale. Un'altra sfida nell'accesso alle cure è la mancanza di consapevolezza e comprensione dei propri sintomi da parte dell'individuo. Molte persone potrebbero non riconoscere che ciò che stanno vivendo è un problema di salute mentale o potrebbero non sapere dove cercare aiuto. Questo può essere dovuto a una mancanza di educazione sulla salute mentale o a una mancanza di informazioni accessibili e comprensibili sui servizi disponibili.

L'uso della tecnologia sta diventando sempre più rilevante nell'ambito della salute mentale. Con l'evoluzione dei servizi telematici, telemedicina e app per la salute mentale, molte persone ora hanno accesso a strumenti e risorse che possono aiutarle a gestire e comprendere meglio la propria salute mentale. Tuttavia, è fondamentale garantire che questi servizi siano di alta qualità, basati sull'evidenza e che siano regolamentati in modo appropriato. La tecnologia non può sostituire la necessità di servizi di salute mentale faccia a faccia, ma può essere uno strumento prezioso per estendere l'accesso e fornire risorse aggiuntive.

Anche la diversità linguistica può rappresentare una barriera. I servizi di salute mentale dovrebbero essere in grado di fornire supporto in varie lingue o, almeno, avere accesso a interpreti. Ciò è particolarmente rilevante nelle società multiculturali, dove le persone che parlano lingue diverse potrebbero non essere in grado di esprimere adeguatamente le proprie preoccupazioni o sintomi, o potrebbero non comprendere le informazioni fornite.

Infine, la continuità delle cure è un elemento cruciale. Non basta avere un singolo incontro con un professionista; è essenziale che ci sia un follow-up e un supporto continuo. Ciò può includere piani di trattamento a lungo termine, supporto nel navigare nel sistema di assistenza sanitaria, e aiuto nell'accesso a risorse come gruppi di supporto, terapie e interventi farmacologici. Senza una continuità nelle cure, una persona potrebbe sentirsi abbandonata o perdere la fiducia nel sistema, compromettendo ulteriormente il suo percorso di guarigione e benessere.

L'accesso alle cure in materia di salute mentale è un elemento fondamentale e vitale per garantire la prevenzione, l'intervento precoce e la gestione efficace dei disturbi mentali. Un approccio olistico all'accesso alle cure dovrebbe considerare sia gli aspetti fisici che psicologici della salute, poiché questi elementi sono spesso interconnessi. Esaminando le numerose sfide che emergono nel tentativo di garantire un accesso universale ed equo ai servizi di salute mentale, si sottolinea l'importanza di affrontare e superare tali barriere.

La stigmatizzazione continua ad essere una delle principali barriere all'accesso alle cure. La società, nella sua interezza, ha il dovere di sfidare e modificare le percezioni errate e pregiudizievoli relative alla salute mentale. Ciò richiede una profonda trasformazione culturale, che può essere favorita attraverso campagne di sensibilizzazione, programmi educativi e la promozione di narrazioni positive sulla salute mentale.

L'educazione è un altro pilastro fondamentale. Gli individui devono essere informati sui sintomi dei disturbi mentali, sulle opzioni di trattamento disponibili e sui luoghi in cui possono cercare aiuto. L'informazione dovrebbe essere presentata in modo chiaro e accessibile, con particolare attenzione alle diverse lingue e culture presenti nella società.

L'integrazione della tecnologia nel campo della salute mentale offre notevoli opportunità ma presenta anche sfide. Garantire l'affidabilità, l'efficacia e la sicurezza delle soluzioni digitali è essenziale. Tuttavia, non dovremmo affidarci esclusivamente alla tecnologia; i servizi tradizionali faccia a faccia rimangono insostituibili in molte circostanze.

Le risorse devono essere destinate alla formazione di professionisti della salute mentale, all'aggiornamento delle strutture e all'ampliamento della copertura dei servizi. Questo assicurerà che un numero maggiore di individui possa ricevere un trattamento tempestivo e appropriato.

In sintesi, l'accesso alle cure di salute mentale è un diritto fondamentale di ogni individuo. Superare le barriere che ostacolano questo accesso richiede un impegno collettivo da parte di politici, professionisti del settore sanitario, comunità e individui. Solo attraverso una combinazione di sensibilizzazione, educazione, innovazione e investimenti possiamo sperare di creare una società in cui la salute mentale è valorizzata, compresa e sostenuta in modo appropriato.

13. Rete di Supporto Sociale • Costruire una rete di supporto efficace.

La costruzione di una rete di supporto sociale efficace rappresenta una delle principali strategie per promuovere il benessere psicologico e mentale degli individui. Avere una robusta rete di supporto può prevenire l'isolamento, offrire un contesto sicuro per condividere le preoccupazioni, fornire risorse durante i periodi di crisi e aiutare a mantenere un senso di appartenenza e di scopo nella vita.

1. Identificazione delle Risorse Esistenti: Prima di tutto, è essenziale riconoscere e valutare le risorse e le reti esistenti. Amici, familiari, colleghi, vicini e conoscenti possono già far parte di questa rete. Non è necessario avere una vasta cerchia di relazioni; ciò che è più importante è la qualità e la profondità dei legami.

2. Partecipazione a Gruppi e Associazioni: Iscriversi a club, associazioni o gruppi di interesse comune (come sport, hobby, volontariato) può essere un ottimo modo per espandere la propria rete. Questi gruppi offrono opportunità non solo per socializzare ma anche per condividere passioni e interessi.

3. Utilizzo dei Social Media con Cautela: Sebbene i social media possano essere un modo per connettersi con altre persone, è fondamentale utilizzarli in modo sano e consapevole. Stabilire autentiche connessioni online richiede discernimento e cautela.

4. Supporto Professionale: A volte, la rete di supporto può includere professionisti come terapisti, counselor, coach o consulenti. Questi esperti possono offrire un supporto specializzato, oltre a suggerire strategie e risorse per gestire specifiche sfide personali.

5. Gruppi di Supporto: Esistono numerosi gruppi di sostegno specifici per vari problemi, come dipendenze, lutto, malattie croniche o esperienze traumatiche. Questi gruppi offrono un ambiente sicuro dove gli individui possono condividere le proprie esperienze e ricevere sostegno dai pari.

6. Sviluppo di Abilità di Comunicazione: La capacità di comunicare in modo efficace, ascoltare attivamente e esprimere empatia è fondamentale per stabilire e mantenere relazioni significative. Considerare l'idea di partecipare a corsi o workshop per migliorare queste competenze.

7. Mantenere e Nutrire le Relazioni: Come ogni relazione, anche le reti di supporto necessitano di cura e attenzione. Ciò significa dedicare tempo a coltivare le relazioni, mostrare apprezzamento e restare in contatto regolarmente.

8. Conoscenza dei Limiti: È essenziale riconoscere quando una relazione non è più salutare o benefica. In questi casi, potrebbe essere necessario stabilire confini o considerare l'idea di allontanarsi.

9. Ricorso alle Risorse Comunitarie: Molte comunità offrono risorse come linee di ascolto, centri di consulenza e programmi di sostegno. Informarsi sulle risorse locali può essere utile per costruire una rete di supporto più ampia.

In conclusione, costruire e mantenere una rete di supporto sociale efficace richiede impegno, attenzione e cura. Tuttavia, i benefici derivanti da una solida rete di sostegno - sia in termini di salute mentale che di benessere generale - sono incommensurabili. Attraverso connessioni autentiche e significative, gli individui possono trovare forza, conforto e risorse per navigare attraverso le sfide della vita.

La rete di supporto sociale non è solo una questione di numero di persone con cui uno può contare, ma è intrinsecamente legata alla qualità delle relazioni stesse e all'intensità del sostegno offerto. Il modo in cui un individuo percepisce e sperimenta il sostegno può variare in base alla propria storia personale, ai propri valori e alle proprie esperienze di vita.

Connessione Emotiva: Le relazioni che offrono una vera connessione emotiva sono particolarmente preziose. Queste relazioni sono caratterizzate da una profonda comprensione reciproca, accettazione e fiducia. Una connessione emotiva può aiutare le persone a sentirsi comprese, validate e meno sole.

Rete di Supporto e Salute Fisica: Esiste una crescente evidenza scientifica che suggerisce che una solida rete di supporto sociale può avere benefici tangibili sulla salute fisica. Ad esempio, persone con reti sociali forti tendono a avere pressione sanguigna più bassa, livelli di stress ridotti e un sistema immunitario più forte. Questa connessione tra benessere sociale e fisico sottolinea l'importanza di coltivare e mantenere relazioni positive.

Supporto nelle Transizioni di Vita: Le transizioni di vita, come il cambio di lavoro, la perdita di un familiare, il matrimonio o la nascita di un figlio, possono essere momenti particolarmente stressanti. Durante questi periodi, avere una solida rete di supporto può fare una differenza significativa nella capacità di un individuo di adattarsi e prosperare.

Rete di Supporto nella Società Moderna: La tecnologia ha radicalmente cambiato il modo in cui interagiamo gli uni con gli altri. Se, da un lato, ci offre modi innovativi di connessione, dall'altro può portare a forme di isolamento. Tuttavia, piattaforme come i gruppi online, le comunità virtuali e le app di benessere possono servire come complemento alle reti di supporto tradizionali, offrendo risorse e connessioni in tempi e luoghi altrimenti inaccessibili.

Diversità nella Rete di Supporto: È essenziale avere una varietà di tipi di supporto nella propria rete. Mentre alcuni amici potrebbero essere fantastici per condividere momenti leggeri e divertenti, altri potrebbero essere quelli a cui ci si rivolge per consigli profondi o per parlare di questioni serie. Ogni relazione ha un suo valore unico.

Riconoscimento e Gratitudine: Riconoscere e mostrare gratitudine verso coloro che forniscono sostegno può rafforzare i legami e garantire che la rete rimanga solida nel tempo. Questo può includere semplici gesti come ringraziare verbalmente, scrivere note di apprezzamento o dedicare tempo di qualità a quelle persone.

Sfide nella Costruzione della Rete: Non sempre è facile costruire o mantenere una rete di supporto. Alcuni individui potrebbero trovarsi in situazioni in cui si sentono isolati a causa della geografia, delle circostanze personali o di barriere culturali o linguistiche. In questi casi, può essere necessario cercare attivamente opportunità per connettersi con gli altri, sia attraverso eventi comunitari, volontariato, sia attraverso servizi professionali come la terapia o il counseling.

La rete di supporto sociale può essere vista anche come un tessuto complesso di relazioni che si intrecciano tra loro in modi sottili ma essenziali. Questo tessuto può fornire un cuscinetto contro le difficoltà della vita e aiutare gli individui a navigare attraverso sfide e cambiamenti.

Impatto sulla Salute Mentale: Oltre ai benefici fisici, una solida rete di supporto ha un profondo impatto sulla salute mentale. La sensazione di appartenenza e l'esperienza di essere valutati e sostenuti possono ridurre i sintomi di depressione e ansia. Quando le persone sentono di avere qualcuno su cui contare, la loro autostima e la loro resilienza possono essere rafforzate, rendendole più capaci di affrontare stress e avversità.

Il Ruolo dei Vicini e della Comunità: Mentre le relazioni familiari e amicali sono spesso al centro delle reti di supporto, non si può sottovalutare l'importanza dei vicini e della comunità circostante. Le interazioni casuali, come un saluto al mercato o una chiacchierata durante una passeggiata, possono instillare un senso di appartenenza e collegamento con la comunità. Questo senso di appartenenza può avere effetti positivi sul benessere generale e sulla sensazione di sicurezza.

Sviluppare Nuove Connessioni: Partecipare a gruppi o organizzazioni basati su interessi comuni, come un club del libro, un gruppo di escursionismo o un corso di ceramica, può essere un eccellente modo per espandere la propria rete sociale. Queste attività offrono opportunità non solo per condividere passioni ma anche per costruire relazioni autentiche basate su interessi e esperienze condivise.

Superare Ostacoli Sociali: Ci sono momenti in cui la costruzione di una rete di supporto può sembrare difficile, specialmente per coloro che sono naturalmente introversi o che hanno avuto esperienze negative in passato. In questi casi, può essere utile iniziare in piccolo, cercando opportunità di connessione in ambienti sicuri e supportati, come gruppi di supporto o terapie di gruppo.

Il Ruolo della Tecnologia nella Rete di Supporto: Anche se la tecnologia ha il potenziale di isolare, ha anche il potere di connettere. Le chat room, i forum online e le piattaforme di social media possono servire come luoghi in cui le persone possono trovare sostegno, specialmente se stanno affrontando sfide o circostanze che potrebbero non essere comprese nella loro rete di supporto immediata.

Autoaiuto e Autocura: Mentre una rete di supporto esterna è essenziale, è altrettanto cruciale riconoscere l'importanza dell'autoaiuto e dell'autocura. Imparare a nutrire e sostenere se stessi può potenziare la capacità di costruire e mantenere relazioni esterne sane.

La Flessibilità della Rete: Le reti di supporto non sono statiche. Cambiano e si evolvono nel tempo a seconda delle circostanze della vita. Ad esempio, la rete di supporto di un individuo durante gli anni dell'università potrebbe essere molto diversa da quella che ha quando è un genitore o quando va in pensione. Essere aperti a queste evoluzioni e riconoscere che la rete di supporto può e deve cambiare può aiutare gli individui a navigare nelle diverse fasi della vita.

Sostegno Professionale come Parte della Rete: Sebbene ci si possa affidare ampiamente a familiari e amici per il supporto, in alcune circostanze potrebbe essere benefico includere professionisti nella propria rete di supporto. Questi possono includere terapeuti, consiglieri, medici e altri fornitori di servizi. L'apporto di un punto di vista professionale e obiettivo può aiutare a offrire strategie e risorse specifiche che potrebbero non essere disponibili attraverso canali informali.

Importanza del Reciproco Sostegno: Una rete di supporto non è solo ricevere, ma anche dare. Offrire supporto ad altri può rafforzare la propria rete, creare un senso di appagamento e persino migliorare il proprio benessere. Il processo di aiutare gli altri può fornire una prospettiva, un senso di utilità e un collegamento più profondo con la propria comunità.

Eventi di Vita e Adattamento della Rete: Durante gli eventi di vita come matrimoni, nascite, traslochi o luti, la natura e la struttura delle reti di supporto di un individuo possono cambiare. Ad esempio, la nascita di un figlio potrebbe portare nuove connessioni con altri genitori, mentre un lutto potrebbe far emergere il bisogno di gruppi di supporto specifici. Essere consapevoli e flessibili durante questi periodi può garantire che si riceva il sostegno adeguato.

La Cultura e la Rete di Supporto: La cultura di un individuo può influenzare profondamente la natura della sua rete di supporto. Alcune culture possono enfatizzare fortemente i legami familiari, mentre altre potrebbero valorizzare l'indipendenza e le relazioni esterne. Comprendere e rispettare questi aspetti culturali è essenziale per costruire e mantenere una rete di supporto efficace.

Prevenzione dell'Isolamento: Una rete di supporto può essere un antidoto cruciale all'isolamento. L'isolamento può avere gravi ripercussioni sulla salute mentale e fisica. Assicurarsi di avere connessioni regolari e significative con gli altri può aiutare a prevenire i sentimenti di solitudine e isolamento.

Strumenti e Risorse per Ampliare la Rete: Ci sono molte risorse disponibili per aiutare le persone a costruire e ampliare le loro reti di supporto. Questi possono includere workshop, seminari, gruppi di supporto, eventi comunitari e piattaforme online. Sfruttare queste risorse può offrire nuove opportunità di connessione e apprendimento.

La Qualità sopra la Quantità: Anche se potrebbe sembrare allettante avere una vasta rete di supporto, è essenziale riconoscere che la qualità delle connessioni è spesso più importante della quantità. Avere poche relazioni profonde e significative può essere più benefico che avere molte connessioni superficiali.

Gestione dei Conflitti nella Rete: Come in qualsiasi relazione, possono sorgere conflitti all'interno della rete di supporto. Avere strumenti e strategie per gestire questi conflitti può aiutare a mantenere la rete forte e resiliente. Questo potrebbe includere la comunicazione assertiva, la mediazione o, in alcuni casi, la revisione o la ristrutturazione della rete.

Riflessione e Valutazione Periodica: Poiché la vita cambia e si evolve, è benefico riflettere periodicamente sulla propria rete di supporto e valutare se soddisfa ancora le proprie esigenze. Questo processo può aiutare a identificare aree in cui potrebbero essere necessari aggiustamenti o rinforzi.

Concludendo, una rete di supporto sociale ben strutturata e attiva è un elemento cruciale per la salute mentale e il benessere generale di un individuo. Questa rete fornisce un tamponamento contro le difficoltà della vita, offrendo un contesto in cui condividere preoccupazioni, gioie, paure e successi. Essa non solo rappresenta una fonte di conforto durante i periodi di crisi, ma può anche offrire un'ancora di normalità e stabilità in mezzo al caos.

È importante sottolineare l'importanza della qualità delle connessioni all'interno di questa rete. Avere relazioni profonde, sincere e autentiche può avere un impatto molto più significativo sulla salute mentale rispetto al semplice numero di connessioni che un individuo possiede. Inoltre, la capacità di dare e ricevere all'interno di questa rete è fondamentale; la reciprocità non solo rafforza le relazioni individuali, ma arricchisce anche la rete nel suo complesso.

La cultura, la personalità e le esperienze di vita di un individuo influenzeranno la natura e la struttura della sua rete di supporto. Quindi, è essenziale che ogni persona riconosca e rispetti queste influenze mentre costruisce e cura la propria rete. Eventi di vita significativi, come matrimoni, nascite, luti o traslochi, possono rappresentare momenti critici in cui la rete di supporto potrebbe necessitare di adeguamenti o rafforzamenti.

Uno degli aspetti più critici di una rete di supporto è la sua capacità di prevenire l'isolamento, un fattore che può avere gravi ripercussioni sulla salute mentale. Mantenere connessioni regolari e significative, sia online che offline, può essere una barriera protettiva contro i danni dell'isolamento.

Infine, come con qualsiasi aspetto della vita, la riflessione e la valutazione sono essenziali. Prendersi il tempo per esaminare periodicamente la propria rete di supporto, riconoscere le sue forze e identificare le potenziali aree di miglioramento può assicurare che essa rimanga resiliente, dinamica e adattabile alle mutevoli circostanze della vita. In sintesi, costruire e mantenere una solida rete di supporto sociale non è un lusso, ma una necessità vitale per il benessere mentale e fisico.

14. Terapie e Trattamenti • Opzioni disponibili e loro efficacia.

Le terapie e i trattamenti per affrontare i problemi di salute mentale sono numerosi e variano in base al disturbo specifico, alla gravità dei sintomi e alle preferenze individuali. Di seguito sono elencate alcune delle terapie e dei trattamenti più comuni, accompagnati da una breve descrizione e discussione sulla loro efficacia.

1. Psicoterapia (o "terapia parlativa"): La psicoterapia è un trattamento comune per molti disturbi di salute mentale e può assumere diverse forme, tra cui:

- **Terapia cognitivo-comportamentale (TCC):** Concentrandosi sui pensieri, comportamenti e emozioni di una persona, la TCC è particolarmente efficace per trattare la depressione, l'ansia e i disturbi ossessivo-compulsivi.

- **Terapia psicodinamica:** Basata sulla teoria psicoanalitica, questa terapia esplora i modelli di comportamento inconsci, spesso legati all'infanzia. Può essere utile per persone con problemi di personalità o disturbi d'ansia.

- **Terapia interpersonale:** Si concentra sulle relazioni e sulla comunicazione. Efficace, in particolare, nel trattamento della depressione.
- **Terapia centrata sulla persona:** Basata sull'approccio di Carl Rogers, pone l'enfasi sull'empatia e sull'ascolto non giudicante. L'efficacia della psicoterapia dipende in gran parte dal rapporto terapeuta-paziente e dall'adeguatezza dell'approccio terapeutico alle specifiche esigenze del paziente.

2. Farmacoterapia: La farmacoterapia implica l'uso di farmaci per trattare disturbi di salute mentale. Alcuni farmaci comuni includono antidepressivi, ansiolitici, antipsicotici e stabilizzatori dell'umore. La loro efficacia varia in base al disturbo e all'individuo, e possono presentare effetti collaterali. La combinazione di farmaci con la psicoterapia è spesso la pratica standard per molte condizioni.

3. Terapia elettroconvulsivante (TEC): Utilizzata principalmente per la depressione grave che non risponde ad altri trattamenti. La TEC implica brevi scariche elettriche al cervello. Sebbene sia controversa, può essere altamente efficace in alcuni casi.

4. Psicoterapia di gruppo: Fornisce un ambiente in cui i pazienti possono condividere esperienze e imparare dagli altri. Può essere particolarmente utile per problemi come la dipendenza o i disturbi alimentari.

5. Biofeedback e neurofeedback: Queste terapie aiutano le persone a controllare le funzioni corporee involontarie, come la frequenza cardiaca, per migliorare la loro salute mentale. Sono spesso utilizzate per l'ansia e i disturbi legati allo stress.

6. Terapie alternative e complementari: Questo include tecniche come la meditazione, lo yoga e l'agopuntura. Mentre queste tecniche possono essere efficaci come complemento ai trattamenti tradizionali, non dovrebbero sostituire le terapie basate sull'evidenza.

In conclusione, l'efficacia di un trattamento o terapia varia da persona a persona. È essenziale che il trattamento sia adattato alle esigenze individuali del paziente e monitorato regolarmente per assicurarsi che rimanga efficace nel tempo. Collaborare con professionisti della salute mentale esperti e informati può aiutare a garantire il miglior esito possibile.

La vastità e la complessità del campo delle terapie e dei trattamenti in psicologia e psichiatria è tanto affascinante quanto cruciale. Oltre alle terapie più tradizionali e ai farmaci, ci sono molte altre opzioni, approcci e modalità terapeutiche che possono essere esplorate.

Per esempio, **la terapia assistita da animali** è una modalità in cui gli animali, come cani o cavalli, vengono utilizzati come parte del processo terapeutico. Questo tipo di terapia può essere particolarmente utile per persone che hanno subito traumi, per i bambini con disturbi dello spettro autistico o per chi soffre di ansia e depressione. La presenza dell'animale può avere un effetto calmante e può anche servire come un facilitatore nella costruzione della relazione terapeuta-paziente.

Poi c'è la **terapia basata sulla mindfulness**, o consapevolezza. Questa pratica, tratta dalla tradizione buddhista, insegna alle persone a concentrarsi sul presente, accettando pensieri, sentimenti ed esperienze senza giudizio. È stata dimostrata efficace, in particolare per il disturbo da stress post-traumatico (PTSD), l'ansia e la depressione.

Allo stesso modo, **le terapie corporee**, come la danzaterapia o la terapia attraverso l'arte, utilizzano il movimento e l'espressione artistica come mezzo per esplorare e trattare problemi psicologici. Questi approcci possono essere particolarmente utili per le persone che hanno difficoltà a esprimersi verbalmente.

La **terapia familiare** si concentra sulle dinamiche e le interazioni all'interno di una famiglia, aiutando i membri a risolvere i conflitti e a migliorare la comunicazione. È spesso utilizzata nel trattamento di disturbi come l'anoressia o la dipendenza da sostanze.

Un altro approccio emergente è la **realità virtuale (RV)** come strumento terapeutico. Utilizzata principalmente per i disturbi d'ansia, come la fobia sociale o il PTSD, la RV consente al paziente di confrontarsi con le proprie paure in un ambiente controllato e sicuro.

Infine, l'importanza della **terapia basata sulla comunità** non può essere trascurata. Questo approccio si concentra sullo sviluppo di programmi di supporto all'interno della comunità per aiutare le persone a gestire la loro salute mentale. Può includere gruppi di supporto, programmi di formazione per la comunità o iniziative di sensibilizzazione.

Naturalmente, la chiave per un trattamento efficace è la personalizzazione. Non esiste un approccio "taglia unica" quando si tratta di salute mentale. È essenziale lavorare con un professionista per trovare la terapia o la combinazione di terapie che funzionano meglio per ogni individuo. E, mentre l'innovazione continua a guidare il campo delle terapie e dei trattamenti in avanti, l'obiettivo rimane lo stesso: fornire sollievo, comprensione e strumenti per vivere una vita sana ed equilibrata.

In aggiunta alle terapie precedentemente menzionate, ci sono molte altre tecniche e approcci innovativi che stanno emergendo nel campo della psicoterapia e del trattamento psichiatrico.

La Terapia Cognitivo-Comportamentale (TCC) è una delle forme di terapia più consolidate e largamente utilizzate. Si concentra sulle connessioni tra pensieri, sentimenti e comportamenti. Attraverso la TCC, i pazienti imparano a identificare e sfidare pensieri irrazionali o distorti e a sostituirli con pensieri più realistici e positivi. La TCC è particolarmente efficace per il trattamento di disturbi come la depressione, i disturbi d'ansia, i disturbi ossessivo-compulsivi e molti altri.

La Terapia Interpersonale (TIP), invece, si focalizza sulle relazioni del paziente e su come migliorarle. La TIP può aiutare le persone a risolvere o adattarsi a problemi interpersonali come il lutto, i conflitti di ruolo o le difficoltà nelle relazioni.

La Terapia di Accettazione e Impegno (ACT) è un altro approccio innovativo che combina aspetti della terapia cognitivo-comportamentale con la consapevolezza e tecniche di accettazione. L'ACT insegna alle persone a "staccarsi" dai pensieri negativi o distruttivi e a concentrarsi su azioni che promuovono valori e obiettivi personali.

Le **Terapie di Terza Generazione** come la Terapia Metacognitiva e la Terapia Comportamentale Dialettica offrono approcci avanzati che incorporano la consapevolezza, l'accettazione e la regolazione delle emozioni per affrontare una vasta gamma di disturbi.

Nel campo dei trattamenti farmacologici, si stanno sviluppando nuovi farmaci e si stanno ricercando nuovi usi per i farmaci esistenti. Ad esempio, si sta studiando il ruolo di certi farmaci psichedelici nel trattamento della depressione resistente al trattamento e del PTSD.

La neuromodulazione, come la stimolazione magnetica transcranica (TMS) e la stimolazione cerebrale profonda (DBS), rappresenta un'area entusiasmante di ricerca e trattamento. Questi approcci possono offrire sollievo a pazienti con disturbi dell'umore resistenti alle terapie tradizionali.

È anche importante sottolineare l'emergente **importanza della psicoeducazione**. Educare i pazienti sulle loro condizioni, sui trattamenti disponibili e su come gestire i sintomi può essere un elemento chiave per il successo del trattamento. La psicoeducazione può aiutare i pazienti a sentirsi più coinvolti e in controllo del loro percorso di guarigione.

Inoltre, con l'avanzare della tecnologia, le **terapie digitali e telesalute** stanno diventando sempre più prevalenti. Queste piattaforme offrono terapie a distanza, risorse e strumenti per monitorare la salute mentale, permettendo a più persone di avere accesso a cure di alta qualità indipendentemente dalla loro posizione geografica.

Con tante opzioni disponibili e nuove ricerche emergenti, è fondamentale per chi cerca aiuto essere informato e lavorare in collaborazione con i professionisti per trovare l'approccio più efficace e adatto alle proprie esigenze.

L'evoluzione delle terapie e dei trattamenti psicologici e psichiatrici è un campo in continua crescita e offre un panorama di possibilità che va ben oltre gli approcci tradizionali. Alcune delle metodologie e degli approcci emergenti includono:

Terapie basate sulla natura e sull'arte: Queste terapie sfruttano l'ambiente naturale e l'espressione artistica come mezzo di guarigione. Terapie come l'arteterapia e la musicoterapia permettono ai pazienti di esplorare ed esprimere emozioni attraverso l'arte. Allo stesso modo, la terapia con gli animali, come la pet therapy, utilizza l'interazione con gli animali per facilitare la comunicazione e la connessione emozionale.

Terapie corporee: Tecniche come il biofeedback e la neurofeedback offrono ai pazienti la possibilità di monitorare e controllare funzioni fisiologiche involontarie, come la frequenza cardiaca o l'attività cerebrale, al fine di gestire lo stress, l'ansia e altri sintomi. Anche la terapia attraverso il movimento, come la danza terapia, può aiutare le persone a connettersi con il proprio corpo e a esprimere emozioni e traumi in un ambiente sicuro.

Integrazione di trattamenti alternativi: L'uso di tecniche come l'agopuntura, la meditazione, lo yoga e la terapia craniosacrale sta diventando sempre più popolare. Questi approcci possono essere utilizzati come complemento alle terapie convenzionali per fornire un approccio più olistico al benessere mentale.

Farmacogenomica: Questa è l'applicazione della genetica alla psicofarmacologia. La farmacogenomica studia come la genetica di un individuo può influenzare la risposta ai farmaci, permettendo ai medici di personalizzare i trattamenti farmacologici in base al profilo genetico del paziente. Questo può ridurre il rischio di effetti collaterali e aumentare l'efficacia del trattamento.

Realità virtuale (RV): La RV sta trovando applicazione nel trattamento di vari disturbi, in particolare i disturbi d'ansia come la fobia sociale e il disturbo post-traumatico da stress. Con la RV, i pazienti possono essere immersi in ambienti controllati che simulano situazioni che potrebbero essere problematiche o stressanti, permettendo loro di confrontarsi con queste situazioni in un contesto sicuro.

Trattamenti basati sulla comunità: Anziché focalizzarsi solo sull'individuo, alcuni trattamenti mirano a costruire e rafforzare le reti di sostegno all'interno delle comunità. Questo può includere gruppi di sostegno, programmi di mentoring e iniziative basate sulla comunità che mirano a ridurre lo stigma associato alla salute mentale e a promuovere il benessere generale.

Con l'avanzamento delle ricerche e la crescente comprensione della mente umana e del corpo, è probabile che vedremo ulteriori innovazioni nel campo delle terapie e dei trattamenti nei prossimi anni.

Mentre le terapie tradizionali come la psicoterapia cognitivo-comportamentale e i farmaci antidepressivi rimangono pilastri nel trattamento di molte condizioni di salute mentale, è essenziale esplorare ulteriori approcci, poiché la mente umana e le sue sfide sono incredibilmente complesse e diverse. Ecco alcune altre modalità e sviluppi interessanti nel campo delle terapie e trattamenti:

Trattamenti nutrizionali e integratori: La connessione tra mente e intestino è diventata una crescente area di interesse. Molte ricerche suggeriscono che la dieta e la salute intestinale possono influenzare la salute mentale. Ad esempio, alcuni integratori come il magnesio, gli omega-3 e probiotici specifici sono stati studiati per i loro potenziali benefici nella gestione della depressione e dell'ansia.

Psicoterapia interpersonale (IPT): Originariamente sviluppata come trattamento per la depressione, l'IPT si concentra sulle relazioni interpersonali del paziente e su come queste relazioni influenzano il loro stato d'animo. La terapia si basa sull'idea che migliorare le relazioni interpersonali può aiutare a ridurre i sintomi della depressione.

Stimolazione magnetica transcranica (TMS): Questa è una procedura non invasiva che usa campi magnetici per stimolare le cellule nervose nel cervello per migliorare i sintomi della depressione. La TMS è tipicamente utilizzata quando altri trattamenti per la depressione non hanno funzionato.

Psicodramma: Si tratta di un'approccio terapeutico che utilizza metodi drammatici e teatrali. I pazienti sono invitati a recitare episodi specifici della loro vita o a immaginare nuovi scenari per esplorare i loro conflitti, emozioni e problemi in un ambiente sicuro.

Terapie espressive: Oltre all'arteterapia, ci sono molte altre forme di terapie espressive, come la scrittura terapeutica, che incoraggia i pazienti a scrivere riguardo alle loro esperienze ed emozioni come forma di elaborazione e guarigione.

Psilocibina e altre sostanze psichedeliche: In alcuni paesi, la ricerca sull'uso di psilocibina (il principio attivo dei funghi magici) e altre sostanze psichedeliche per il trattamento di condizioni come la depressione resistente al trattamento, il disturbo post-traumatico da stress e la dipendenza sta guadagnando terreno e mostrando risultati promettenti.

Tecniche di rilassamento e respirazione: Approcci come il training autogeno e la respirazione diaframmatica sono utilizzati per aiutare le persone a gestire lo stress, ridurre l'ansia e migliorare la consapevolezza del proprio corpo.

Mindfulness e meditazione: Sebbene non siano nuove, queste tecniche hanno visto un crescente interesse nella comunità medica per la loro capacità di aiutare le persone a gestire lo stress, l'ansia, la depressione e altre condizioni di salute mentale.

Con un così vasto spettro di opzioni disponibili, è fondamentale che le persone lavorino insieme ai loro professionisti sanitari per trovare il trattamento o la combinazione di trattamenti che funzionano meglio per loro. Essere aperti a esplorare diverse modalità può spesso essere la chiave per trovare la soluzione più efficace.

Biofeedback e Neurofeedback: Questi sono approcci basati sull'uso di strumenti e tecnologie per fornire feedback in tempo reale sulle funzioni fisiologiche del corpo, come la frequenza cardiaca, la temperatura della pelle e l'attività elettrica del cervello. Addestrando gli individui a modificare consapevolmente queste funzioni, possono sviluppare una maggiore capacità di autoregolamentazione, che può essere particolarmente utile nella gestione dell'ansia, delle cefalee e di altri disturbi.

Terapie basate sul movimento: Tra queste si includono la danzaterapia, la yoga-terapia e la terapia attraverso le arti marziali. Queste modalità utilizzano il movimento fisico per facilitare l'espressione emotiva, la consapevolezza corporea e la guarigione.

Terapia con realtà virtuale (VR): La VR può immergere gli utenti in ambienti tridimensionali in cui possono affrontare e processare paure e traumi in un ambiente sicuro e controllato. Ad esempio, potrebbe essere utilizzata per trattare il disturbo post-traumatico da stress o le fobie.

Terapie basate sulla comunità: Queste terapie mettono in risalto il valore della connessione e del sostegno reciproco. Gli incontri di gruppo, le comunità terapeutiche e i programmi basati sulla comunità possono offrire un ambiente in cui gli individui possono condividere le loro esperienze e apprendere gli uni dagli altri.

Trattamenti olistici e complementari: Metodi come l'agopuntura, la riflessologia e l'aromaterapia vengono utilizzati in combinazione con trattamenti convenzionali per affrontare sia i sintomi fisici che quelli emotivi.

Terapia focale sulla soluzione: Invece di concentrarsi sui problemi o sulle cause delle difficoltà di una persona, questa terapia si concentra sullo sviluppo di soluzioni e strategie per superare gli ostacoli e raggiungere gli obiettivi desiderati.

Trattamenti basati sulla genetica: Con l'avanzamento della ricerca genetica, ci sono tentativi di sviluppare trattamenti personalizzati basati sul profilo genetico di un individuo. Questo potrebbe potenzialmente guidare i clinici a selezionare i trattamenti più appropriati e efficaci per un determinato individuo.

Terapie di esposizione: Utilizzate principalmente per disturbi come il disturbo post-traumatico da stress o le fobie, queste terapie coinvolgono l'esposizione graduale all'oggetto o alla situazione temuta in un ambiente controllato, aiutando l'individuo a confrontarsi e a processare le loro paure.

Farmacogenomica: Questa è una disciplina emergente che studia come la genetica di un individuo può influenzare la risposta ai farmaci. La conoscenza acquisita dalla farmacogenomica può aiutare i medici a prescrivere farmaci in modo più mirato, riducendo gli effetti collaterali e aumentando l'efficacia del trattamento.

Queste sono solo alcune delle molteplici opzioni e modalità di trattamento nel panorama della salute mentale. Ogni individuo è unico e ciò che funziona per una persona potrebbe non essere efficace per un'altra. Di conseguenza, la ricerca e l'innovazione in questo campo sono fondamentali per offrire una gamma sempre più ampia di possibilità terapeutiche, permettendo a chiunque di trovare il percorso di cura più adatto alle proprie esigenze.

La sfera delle terapie e dei trattamenti in campo psicologico e psichiatrico è vasta e in continua evoluzione. La varietà delle opzioni disponibili riflette la complessità della mente umana e la diversità delle esperienze individuali. Ogni approccio terapeutico ha le sue radici teoriche, i suoi metodi specifici e le sue applicazioni cliniche. Ciò che risulta efficace per una persona potrebbe non esserlo per un'altra, sottolineando l'importanza di una valutazione accurata e di un approccio personalizzato al trattamento.
Per molti, la psicoterapia tradizionale, in cui il paziente e il terapeuta si incontrano regolarmente per discutere dei problemi e sviluppare strategie per affrontarli, rimane uno strumento fondamentale. Tuttavia, come abbiamo visto, esistono numerosi altri metodi e approcci che possono essere utilizzati in concomitanza o come alternative.
L'avanzamento della tecnologia e della ricerca ha portato all'introduzione di nuove modalità di trattamento, come la terapia con realtà virtuale o

la farmacogenomica. Questi nuovi metodi, basati su principi scientifici e studi clinici, promettono di rivoluzionare ulteriormente il modo in cui affrontiamo e trattiamo i disturbi della salute mentale, offrendo soluzioni più mirate e personalizzate.

Tuttavia, è importante notare che, nonostante la vasta gamma di opzioni terapeutiche, la chiave del successo risiede spesso nella relazione terapeutica stessa. La fiducia, il rispetto e la comprensione tra terapeuta e paziente sono essenziali per creare un ambiente in cui l'individuo si senta sicuro e supportato nel suo percorso di guarigione.

Inoltre, è essenziale che le persone siano informate sulle varie opzioni disponibili. La consapevolezza e l'educazione possono aiutare gli individui a fare scelte informate e a trovare il percorso di trattamento più adatto alle loro esigenze specifiche.

Infine, è fondamentale continuare a investire nella ricerca e nello sviluppo di nuovi trattamenti, garantendo che ogni individuo abbia accesso alle migliori cure possibili. La comprensione e il trattamento dei disturbi della salute mentale sono complessi e richiedono un impegno continuo da parte di clinici, ricercatori e comunità per garantire che ciascuna persona possa vivere una vita piena e soddisfacente.

15. Farmaci e Loro Ruolo • Come possono aiutare o danneggiare.

Farmaci e Loro Ruolo: Come possono aiutare o danneggiare

I farmaci psicotropi hanno avuto un ruolo fondamentale nel trattamento di numerosi disturbi mentali. Sono utilizzati in vari ambiti della psichiatria e hanno contribuito significativamente a migliorare la qualità della vita di milioni di persone. Tuttavia, come con tutti i farmaci, ci sono potenziali benefici e rischi associati al loro uso. Esaminiamo in dettaglio come questi farmaci possono aiutare e, in alcuni casi, danneggiare.

Come possono aiutare:

1. **Correzione degli squilibri chimici**: Molte patologie psichiatriche sono associate a squilibri chimici nel cervello. I farmaci possono aiutare a riequilibrare la quantità di neurotrasmettitori, come la serotonina, la dopamina e la noradrenalina, migliorando i sintomi.

2. **Riduzione dei sintomi**: I farmaci possono ridurre o eliminare sintomi come ansia, depressione, allucinazioni, o manie, permettendo alla persona di funzionare meglio nella vita quotidiana.

3. **Prevenzione delle ricadute**: Molti disturbi mentali sono cronici e possono avere episodi ricorrenti. I farmaci possono aiutare a prevenire le ricadute o a ridurre la loro gravità.

4. **Miglioramento della compliance terapeutica**: In combinazione con la terapia, i farmaci possono migliorare la compliance del paziente, rendendo il trattamento più efficace nel complesso.

Come possono danneggiare:

1. **Effetti collaterali**: Quasi tutti i farmaci presentano potenziali effetti collaterali. Questi possono variare da lievi (come secchezza della bocca o aumento di peso) a gravi (come reazioni allergiche o problemi cardiaci).

2. **Dipendenza**: Alcuni farmaci, in particolare i tranquillanti e gli oppioidi, possono causare dipendenza se assunti per lunghi periodi o in dosi non appropriate.

3. **Sindrome da sospensione**: La sospensione brusca di alcuni farmaci può causare sintomi di astinenza, che possono variare da lievi a gravi.

4. **Interazioni farmacologiche**: L'assunzione concomitante di più farmaci può portare a interazioni pericolose, potenziando o riducendo l'efficacia di uno o entrambi i farmaci.

5. **Rischi a lungo termine**: L'uso a lungo termine di alcuni farmaci può portare a problemi di salute

potenzialmente gravi, come diabete, problemi cardiaci o movimenti involontari.

In conclusione, i farmaci possono svolgere un ruolo cruciale nel trattamento dei disturbi mentali, ma è essenziale che vengano prescritti e monitorati da professionisti qualificati. I pazienti devono essere informati sui potenziali benefici e rischi associati ai farmaci che assumono e devono essere incoraggiati a comunicare qualsiasi effetto collaterale o preoccupazione al loro medico. Con un'approfondita valutazione, una prescrizione accurata e un monitoraggio regolare, i farmaci possono essere uno strumento efficace nel trattamento della salute mentale.

Molti farmaci psicotropi sono stati sviluppati nelle ultime decadi, offrendo una vasta gamma di opzioni terapeutiche per i professionisti della salute mentale e i loro pazienti. La loro formulazione si basa spesso su decenni di ricerca, test clinici e studi post-marketing per determinare l'efficacia e la sicurezza. Ma nonostante queste ampie ricerche, esiste ancora un significativo divario nella comprensione completa del modo in cui questi farmaci interagiscono con la complessa biochimica del cervello umano e con l'organismo nel suo complesso.

La farmacogenetica, ad esempio, è una disciplina emergente che studia come la variabilità genetica di un individuo può influenzare la sua risposta ai farmaci. Alcuni individui possono avere una risposta ridotta o amplificata a determinati farmaci a causa di varianti genetiche. Questo significa che due persone con lo stesso disturbo, quando trattate con lo stesso farmaco alla stessa dose, potrebbero avere risposte molto diverse in termini di efficacia e insorgenza di effetti collaterali. Il crescente interesse per la personalizzazione della medicina ha portato molti professionisti a considerare la farmacogenetica come uno strumento fondamentale per ottimizzare i trattamenti farmacologici in psichiatria.

Un altro aspetto da considerare è l'uso concomitante di integratori alimentari e erbe medicinali. Molti pazienti assumono integratori a fini terapeutici o preventivi, spesso senza informare il proprio medico. Alcuni di questi possono interagire con i farmaci prescritti, potenziando o attenuando i loro effetti. Ad esempio, l'erba di San Giovanni, spesso utilizzata come rimedio naturale per la depressione, può ridurre l'efficacia di alcuni farmaci antipsicotici o antidepressivi.

Inoltre, la questione della prescrizione eccessiva e del sovratrattamento è sempre più al centro dell'attenzione. In alcune società, c'è preoccupazione per il possibile sovradiagnosi di certi disturbi, come l'ADHD nei bambini, e la conseguente prescrizione eccessiva di farmaci. Mentre questi farmaci possono essere molto benefici per coloro che ne hanno realmente bisogno, possono anche avere effetti negativi se assunti in assenza di una chiara indicazione clinica.

La prescrizione di farmaci dovrebbe sempre essere basata su una valutazione completa del paziente, che tenga conto della sua storia clinica, dei suoi sintomi attuali, dei potenziali benefici e rischi del trattamento e delle sue preferenze personali. I medici dovrebbero anche considerare altre forme di trattamento, come la psicoterapia, che può essere altrettanto efficace e, in alcuni casi, preferibile ai farmaci.

Infine, va sottolineato l'importante ruolo della formazione continua dei medici e degli altri professionisti della salute mentale. Man mano che emergono nuove ricerche e si sviluppano nuovi farmaci, è essenziale che i clinici siano aggiornati sulle ultime evidenze scientifiche per fornire ai loro pazienti le migliori cure possibili.

L'uso di farmaci nel trattamento di disturbi mentali ha una lunga storia e, come ogni altra branca della medicina, ha attraversato fasi di trial ed error. Mentre molti farmaci hanno dimostrato di essere dei veri e propri salvavita per molti individui, altri hanno presentato problemi imprevisti, dimostrando che il percorso verso la comprensione completa dell'impatto dei farmaci sul cervello e sul sistema nervoso centrale è complesso.

Un aspetto cruciale da considerare è il fatto che il cervello non è un organo statico. La sua plasticità significa che si modifica continuamente in risposta a nuove esperienze, apprendimento e, naturalmente, in risposta ai farmaci. Molti farmaci psichiatrici funzionano modificando i livelli di determinati neurotrasmettitori nel cervello, come la serotonina, la dopamina e la norepinefrina. Tuttavia, il nostro cervello risponde a queste modifiche cercando di mantenere un certo equilibrio, il che può portare, a lungo termine, a cambiamenti strutturali e funzionali.

Un altro elemento da considerare riguarda la dipendenza e la sospensione dei farmaci. Alcuni farmaci psicotropi, in particolare gli ansiolitici come le benzodiazepine, possono creare dipendenza se assunti per lunghi periodi. La sospensione di questi farmaci può portare a sintomi di astinenza gravi. Pertanto, è fondamentale che i pazienti siano adeguatamente informati riguardo al potenziale di dipendenza e che i medici monitorino attentamente l'uso di questi farmaci.

I farmaci possono anche avere effetti collaterali metabolici. Ad esempio, alcuni antipsicotici di seconda generazione sono associati a un aumento di peso, resistenza all'insulina e altri cambiamenti metabolici che possono aumentare il rischio di diabete e malattie cardiovascolari. Questo sottolinea l'importanza di monitorare regolarmente la salute fisica dei pazienti in trattamento con farmaci psichiatrici e di considerare interventi preventivi, come modifiche dello stile di vita o altre strategie terapeutiche.

Anche la questione del costo e dell'accessibilità è cruciale. Molti nuovi farmaci psicotropi sono costosi e potrebbero non essere accessibili per tutti i pazienti, specialmente in paesi con risorse limitate o sistemi sanitari che non coprono i costi dei farmaci. Questo solleva preoccupazioni etiche sulla giustizia e l'equità nel fornire cure di qualità a tutti coloro che ne hanno bisogno.

Inoltre, la farmacologia psichiatrica è spesso influenzata da trend e modelli di marketing. Questo può portare, in alcuni casi, a una eccessiva prescrizione o a una prescrizione non basata su evidenze solide. È fondamentale che i clinici mantengano un approccio critico e basato sull'evidenza quando prescrivono farmaci, tenendo sempre a mente il miglior interesse del paziente.

Infine, mentre i farmaci possono offrire un sollievo significativo dai sintomi, raramente offrono una "cura" definitiva per i disturbi mentali. La gestione della salute mentale spesso richiede un approccio olistico che tenga conto non solo della biologia, ma anche della psicologia, dell'ambiente e delle esperienze di vita dell'individuo.

L'interazione tra farmaci e comorbidità è un altro aspetto essenziale da esaminare quando si valuta il ruolo dei farmaci nel trattamento dei disturbi mentali. Spesso, le persone con problemi di salute mentale possono avere anche altre condizioni mediche. Per esempio, è comune trovare comorbidità tra depressione e malattie cardiovascolari o tra ansia e disturbi gastrointestinali. In questi casi, la polifarmacia, ovvero l'uso di più farmaci contemporaneamente, diventa una realtà quotidiana per molti pazienti. La polifarmacia aumenta il rischio di interazioni farmacologiche, che possono ridurre l'efficacia del trattamento o, peggio, causare effetti collaterali dannosi.

L'adesione al trattamento è un'altra area cruciale. Molte persone con disturbi mentali possono avere difficoltà a seguire regolarmente un regime farmacologico, sia a causa degli effetti collaterali indesiderati, sia a causa di convinzioni personali o mancanza di informazioni. La non adesione può portare a riacutizzazioni dei sintomi o, in alcuni casi, a effetti collaterali da interruzione del farmaco. Questo sottolinea l'importanza di avere una comunicazione aperta e onesta tra il paziente e il medico, garantendo che il paziente sia pienamente informato e si senta supportato nel suo percorso di trattamento.

La questione del sovradosaggio e della tossicità è anche un argomento preoccupante. Alcuni farmaci psichiatrici hanno un range terapeutico ristretto, il che significa che la differenza tra una dose terapeutica e una dose tossica può essere minima. La sorveglianza regolare e la consapevolezza dei sintomi di sovradosaggio sono essenziali per garantire la sicurezza dei pazienti.

Oltre ai tradizionali farmaci psicotropi, c'è stata anche una crescente attenzione verso l'uso di sostanze psichedeliche nel trattamento di condizioni come la depressione resistente al trattamento e il disturbo post-traumatico da stress. Mentre queste sostanze mostrano potenziale in studi clinici controllati, è fondamentale considerare le possibili interazioni con altri farmaci e i potenziali rischi associati all'uso di sostanze in contesti non controllati.

Un altro aspetto da considerare è la personalizzazione della terapia farmacologica. Con l'avvento della genetica e della farmacogenomica, stiamo iniziando a comprendere che non tutti i pazienti rispondono ai farmaci nello stesso modo. Alcune variazioni genetiche possono influenzare il modo in cui un individuo metabolizza un farmaco o risponde ad esso. Pertanto, personalizzare il trattamento farmacologico in base al profilo genetico di un individuo potrebbe diventare una pratica comune nel prossimo futuro.

Infine, la stigmatizzazione associata all'uso di farmaci per la salute mentale è un problema persistente in molte società. Mentre l'educazione e la sensibilizzazione hanno fatto molta strada nel ridurre la stigmatizzazione, molte persone ancora vedono l'uso di farmaci come un segno di debolezza o come una soluzione "facile". È fondamentale riconoscere che, per molte persone, i farmaci sono uno strumento vitale che consente loro di vivere una vita piena e produttiva.

La complessità dei farmaci nel contesto della salute mentale richiede un'esaminazione dettagliata, che tiene conto sia dei benefici che dei potenziali rischi associati. Quando parliamo di farmaci e della loro influenza nella gestione dei disturbi mentali, entriamo in un territorio che sfida la comprensione tradizionale del trattamento e dell'intervento. Ecco una conclusione dettagliata su questo tema:

1. **Efficacia dei Farmaci**: La scienza ha dimostrato che molti farmaci possono offrire sollievo significativo da molte afflizioni psichiatriche. Tuttavia, come con qualsiasi trattamento, l'efficacia può variare da individuo a individuo. La ricerca continua a evolversi, con nuovi farmaci che vengono sviluppati e vecchi farmaci che vengono rivalutati in termini di dosaggio, combinazioni e applicazioni specifiche.

2. **Effetti Collaterali**: La preoccupazione principale per molti pazienti e professionisti della salute è la presenza di effetti collaterali, che possono variare da lievi a gravi. L'importanza di monitorare e riconoscere questi effetti non può essere sottovalutata, poiché possono influenzare significativamente la qualità della vita del paziente e, in alcuni casi, possono essere potenzialmente fatali.

3. **Interazioni e Polifarmacia**: Con l'invecchiamento della popolazione e l'aumento delle comorbidità, la polifarmacia è diventata una preoccupazione crescente. L'interazione tra farmaci può portare a risultati indesiderati e, pertanto, è cruciale che i pazienti e i medici comunichino apertamente riguardo a tutti i farmaci e gli integratori che un individuo potrebbe assumere.

4. **Adesione al Trattamento**: L'importanza dell'adesione non può essere sottovalutata. La non adesione può compromettere l'efficacia del trattamento, aumentando il rischio di riacutizzazione o resistenza al farmaco.

5. **Approcci Terapeutici Emergenti**: Oltre ai farmaci tradizionali, nuove ricerche stanno esplorando l'efficacia di sostanze come psichedelici e cannabis medicinali. Questi trattamenti emergenti potrebbero offrire nuove speranze, ma è essenziale procedere con cautela, conducendo ricerche approfondite e controllate.

6. **Personalizzazione della Terapia**: Con l'avvento della farmacogenomica, la medicina personalizzata sta diventando una realtà. Comprendere come le variazioni genetiche influenzano la risposta al farmaco può rivoluzionare il modo in cui affrontiamo la terapia farmacologica.

7. **Stigmatizzazione**: Infine, affrontare la stigmatizzazione associata all'uso di farmaci per la salute mentale è fondamentale. Educare il pubblico, sfidare i pregiudizi e sottolineare l'importanza dei farmaci come parte integrante di un approccio olistico alla salute mentale è essenziale.

In sintesi, mentre i farmaci giocano un ruolo cruciale nel trattamento dei disturbi mentali, è imperativo affrontare il tema con una comprensione approfondita, empatia e un impegno per la ricerca e l'educazione continue.

16. Stigma Sociale • Lotta contro lo stigma e promozione della comprensione.

L'argomento dello stigma sociale legato alla salute mentale è un problema complesso e radicato nella storia, nella cultura e nelle dinamiche sociali. Esso rappresenta una barriera significativa all'accesso alle cure, all'accettazione sociale e alla comprensione degli individui con disturbi mentali. L'approfondimento di questo tema richiede un'analisi dettagliata delle sue origini, delle sue manifestazioni e delle strategie per contrastarlo.

1. **Origini dello Stigma**: Lo stigma associato alla malattia mentale ha radici profonde, spesso

legate a percezioni errate, paure e miti culturali. In molte culture, i disturbi mentali sono stati storicamente visti come segni di debolezza, possessione demoniaca o castigo divino. Questi miti, nonostante siano stati sfidati dalla scienza moderna, persistono ancora in molte società.

2. **Manifestazioni dello Stigma**: Si manifesta in vari modi, inclusa la discriminazione sul posto di lavoro, nelle relazioni interpersonali e nell'accesso alle cure mediche. Può anche manifestarsi internamente, con individui che interiorizzano questi atteggiamenti negativi, portando a ciò che è noto come "auto-stigma".

3. **Impatto dello Stigma**: Le conseguenze dello stigma sono profonde. Può impedire alle persone di cercare aiuto, di accettare una diagnosi o di aderire a un trattamento. Può anche limitare le opportunità professionali, sociali e personali, alimentando un ciclo di esclusione e isolamento.

4. **Educazione e Sensibilizzazione**: Una delle strategie più efficaci per combattere lo stigma è l'educazione. Campagne di sensibilizzazione, programmi scolastici e iniziative di formazione possono aiutare a sfidare e correggere le percezioni errate sulla salute mentale. La rappresentazione positiva e accurata nei media può anche svolgere un ruolo fondamentale in questo.

5. **Ascolto e Narrazione**: Dare voce a coloro che vivono con disturbi mentali può essere potente. Ascoltare le loro storie e esperienze può humanizzare le questioni e sfidare le generalizzazioni e i pregiudizi.

6. **Ruolo delle Istituzioni**: Le organizzazioni, sia pubbliche che private, hanno un ruolo cruciale nella lotta contro lo stigma. Adottare politiche inclusive, fornire formazione ai dipendenti e promuovere la salute mentale sul posto di lavoro sono passi fondamentali.

7. **Integrazione e Comunità**: La promozione dell'integrazione delle persone con disturbi mentali nelle comunità è essenziale. Ciò può includere strutture di alloggio supportato, programmi di lavoro e iniziative sociali.

8. **Collaborazione Interdisciplinare**: La collaborazione tra professionisti del settore medico, sociale, educativo e dei media può amplificare gli sforzi di combattere lo stigma. L'adozione di un approccio olistico può garantire che la lotta contro lo stigma sia pervasiva e sostenibile.

In conclusione, mentre lo stigma sociale legato alla salute mentale è un ostacolo significativo, è anche un problema che può essere affrontato attraverso l'educazione, l'ascolto, la collaborazione e l'impegno comunitario. La chiave è la comprensione, l'accettazione e la promozione di un dialogo aperto e rispettoso.

16. Stigma Sociale • Lotta contro lo stigma e promozione della comprensione.

Lo stigma sociale associato alla salute mentale è uno degli ostacoli più pervasivi e dannosi che le persone con disturbi mentali possono affrontare. Questo stigma non solo influenza l'autopercezione degli individui, ma può anche avere ripercussioni significative sulle loro interazioni sociali, opportunità professionali e accesso alle cure. Approfondiamo questo argomento in dettaglio:

1. **Origine dello Stigma**: La storia della salute mentale è costellata di misconoscenze, paure e superstizioni. In molte culture antiche, coloro che mostravano sintomi di malattie mentali venivano spesso emarginati, considerati posseduti o semplicemente puniti per presunte colpe. Queste antiche credenze, pur essendo state sfatate dalla scienza moderna, lasciano ancora un'impronta nel modo in cui la società percepisce i disturbi mentali.

2. **Manifestazione dello Stigma**: Lo stigma può manifestarsi in vari modi, dalla discriminazione aperta è ostracismo a forme più sottili di pregiudizio e evitamento. Le persone possono

anche interiorizzare questi stigmi, portando all'auto-stigma, dove credono realmente di essere inferiori o meno degni a causa della loro condizione mentale.

3. **Conseguenze dello Stigma**: L'impatto dello stigma sulla vita di un individuo può essere devastante. Può ostacolare l'accesso alle cure, poiché le persone potrebbero temere il giudizio altrui se cercano aiuto. Inoltre, può limitare le opportunità occupazionali, portare all'isolamento sociale e aggravare la stessa condizione mentale a causa dello stress e dell'ansia associati.

4. **Strategie di Lotta**: Combattere lo stigma richiede uno sforzo collettivo. L'educazione e la sensibilizzazione sono strumenti potenti. Le campagne mediatiche che presentano storie di persone reali, la formazione nelle scuole e la promozione di una rappresentazione equa e accurata nei media sono tutte strategie essenziali.

5. **Il Ruolo dei Sopravvissuti**: Coloro che hanno vissuto esperienze personali con la salute mentale possono giocare un ruolo cruciale nella lotta contro lo stigma. Condividendo le loro storie, possono aiutare a demistificare i disturbi mentali e promuovere la comprensione.

6. **Promozione della Comprensione**: Creare un ambiente in cui le persone si sentano a proprio agio nel parlare di salute mentale è essenziale. Ciò può includere la formazione dei

professionisti della salute, la promozione di conversazioni aperte sul posto di lavoro e il sostegno alla ricerca.

7. **Politiche Pubbliche**: Gli enti governativi hanno la responsabilità di promuovere politiche che riducano lo stigma. Questo può includere leggi che proibiscono la discriminazione basata sulla salute mentale, finanziando campagne di sensibilizzazione e garantendo l'accesso a cure di qualità.

8. **Collaborazioni Comunitarie**: La collaborazione tra organizzazioni di salute mentale, gruppi comunitari e altri stakeholder è fondamentale. Lavorando insieme, questi gruppi possono sviluppare programmi e iniziative efficaci per combattere lo stigma a livello comunitario.

In sintesi, lo stigma sociale legato alla salute mentale è un problema profondamente radicato che ha conseguenze tangibili sulla vita delle persone. Tuttavia, con azioni coordinate, sensibilizzazione e sforzi di educazione, è possibile creare una società in cui la salute mentale sia compresa e accettata, e dove lo stigma sia notevolmente ridotto o eliminato.

Lo stigma sociale relativo ai disturbi della salute mentale ha radici profonde, che si intrecciano con molteplici aspetti della nostra società. Per comprendere appieno la sua natura e le sue manifestazioni, è necessario analizzare i vari livelli e sfaccettature in cui si manifesta e prospettare possibili soluzioni.

Interazione tra Cultura e Stigma: Ogni cultura ha il proprio modo di vedere e interpretare la malattia mentale. Alcune culture potrebbero considerarla come una punizione divina o il risultato di azioni passate, mentre altre potrebbero vederla come una debolezza del carattere. Queste percezioni influenzano profondamente come gli individui affetti da disturbi mentali vengono trattati all'interno della loro comunità.

Stigma Internalizzato: Una delle manifestazioni più sottili ma dannose dello stigma è l'auto-stigma. Le persone affette da malattie mentali, assorbendo le percezioni negative della società, possono iniziare a vedere se stesse in modo negativo, aggravando ulteriormente la loro condizione. Questa forma di stigma è particolarmente insidiosa perché può impedire alle persone di cercare aiuto o di parlare apertamente delle loro sfide.

Lo Stigma nei Luoghi di Lavoro: Molte persone con disturbi mentali temono di rivelare la loro condizione ai colleghi o ai superiori per paura di essere emarginate, discriminate o addirittura licenziate. Questo ambiente può peggiorare la condizione mentale, dato che l'individuo si trova a gestire lo stress lavorativo unito alla pressione di nascondere la propria condizione.

Il Ruolo dei Media: Spesso, film, serie televisive e notizie rappresentano le malattie mentali in modo sensazionalistico o inesatto. Ciò può alimentare paure e misconoscenze, perpetuando stereotipi dannosi. Ad esempio, associare la malattia mentale alla violenza o ritrarre individui con problemi di salute mentale come instabili o imprevedibili può avere effetti duraturi sulle percezioni del pubblico.

La Linguistica dello Stigma: Le parole hanno potere. L'uso di termini dispregiativi o derisori per descrivere le malattie mentali può rafforzare le percezioni negative. La sensibilizzazione sull'uso di un linguaggio rispettoso e non stigmatizzante può essere un piccolo ma significativo passo verso una maggiore comprensione.

Iniziativa dei Professionisti: I professionisti del settore sanitario, in particolare quelli specializzati in salute mentale, hanno un ruolo fondamentale nel combattere lo stigma. Devono assicurarsi di fornire cure rispettose, senza giudizio e basate sulle evidenze, garantendo che le persone si sentano ascoltate e comprese.

Il Ruolo delle Comunità Online: Con l'ascesa dei social media e delle comunità online, c'è stata una crescente consapevolezza e discussione sui problemi di salute mentale. Questi spazi possono servire come luoghi di sostegno e comprensione, ma possono anche diventare fonti di disinformazione o di perpetuazione dello stigma. Incoraggiare un dialogo aperto, promuovere storie di successo e resilienza, e demistificare i miti intorno alla salute mentale sono passi essenziali per creare una società più inclusiva. Tuttavia, la strada per eliminare completamente lo stigma è lunga e richiede un impegno costante da parte di tutti i settori della società.

Lo stigma sociale legato alla salute mentale è un fenomeno complesso e multifaccettato, e analizzare le sue origini, le sue manifestazioni e le soluzioni potenziali è essenziale per combatterlo.

Origini storiche dello stigma: Nell'antichità, le malattie mentali erano spesso interpretate come segni di possessione demoniaca o collera degli dei. Questi concetti, radicati in molti contesti culturali, hanno lasciato tracce nelle percezioni moderne, influenzando come le persone vedono e rispondono ai disturbi mentali.

Educazione e Conoscenza: Uno dei modi più efficaci per combattere lo stigma è attraverso l'educazione. Tuttavia, non tutti i programmi educativi sono creati uguali. Alcuni possono involontariamente perpetuare stereotipi, mentre altri possono fornire una visione equilibrata e basata su prove scientifiche delle malattie mentali. L'importanza della qualità dell'educazione in questo contesto non può essere sottovalutata.

Testimonianze Dirette: Le storie personali di chi vive con una malattia mentale possono essere estremamente potenti nel cambiare percezioni. Ascoltare direttamente da chi ha vissuto l'esperienza può sfidare preconcetti e creare empatia, rendendo lo stigma meno potente.

Ambiente Familiare: La reazione della famiglia può avere un enorme impatto sulla percezione dello stigma da parte di un individuo. Una famiglia comprensiva può mitigare gli effetti dello stigma, mentre una famiglia critica o impreparata può peggiorare la situazione.

Accesso alle Cure e Stigma: A volte, la paura dello stigma può impedire alle persone di cercare aiuto. Per contro, avere accesso a cure di qualità può aiutare a sfidare lo stigma, dimostrando che la malattia mentale può essere trattata con successo.

Stigma e Autostigma: Mentre lo stigma esterno può provenire da amici, familiari, colleghi e società in generale, l'autostigma rappresenta le credenze negative che le persone con malattie mentali possono avere su se stesse. Questo può essere particolarmente dannoso, in quanto può influenzare l'autostima e la fiducia nelle proprie capacità.

Impatto Economico dello Stigma: Lo stigma legato alla salute mentale non ha solo costi personali, ma anche economici. Le persone che affrontano lo stigma possono avere difficoltà a mantenere un lavoro, a trovare una casa o a ottenere servizi essenziali. Questo può portare a una maggiore dipendenza dai servizi sociali, con un conseguente costo economico per la società.

Normative e Politiche Pubbliche: Molti paesi stanno iniziando a riconoscere l'importanza di combattere lo stigma associato alla salute mentale. Attraverso leggi e politiche, stanno cercando di proteggere i diritti delle persone con malattie mentali e di promuovere una maggiore comprensione e accettazione nella società.

Ricerca e Innovazione: La ricerca continua sulla natura e le cause delle malattie mentali può aiutare a sfidare lo stigma. Man mano che comprendiamo meglio questi disturbi, possiamo combattere le percezioni errate e promuovere una visione più informata e compassionevole.

Il concetto di stigma sociale, specialmente quando collegato alla salute mentale, va al di là della mera percezione negativa. È un'entità che evolve nel tempo e in relazione alla cultura e alle circostanze socio-politiche.

Ruolo dei Media: I media hanno un'influenza determinante nello plasmare la percezione pubblica delle malattie mentali. Spesso, film, serie TV e notiziari raffigurano individui con problemi di salute mentale come pericolosi o instabili. Anche se questi rappresentano una frazione minima della realtà, la loro rappresentazione distorta può influenzare negativamente la percezione collettiva.

Differenze Culturali: Varie culture interpretano e rispondono alla malattia mentale in modi diversi. In alcune società, può esserci una maggiore comprensione e accettazione, mentre in altre potrebbe essere stigmatizzata al punto da essere considerata una maledizione o una debolezza.

Interventi a Livello Comunitario: L'approccio di intervento a livello di comunità, come le campagne di sensibilizzazione e i programmi educativi, può avere un impatto significativo nella riduzione dello stigma. Tali interventi possono spostare le opinioni pubbliche, educare sulle realtà della malattia mentale e promuovere storie di successo e di recupero.

Professionisti della Salute: La formazione dei professionisti della salute sulla natura complessa della malattia mentale e sullo stigma associato può aiutare a fornire cure migliori. A volte, purtroppo, anche i medici e gli infermieri possono avere preconcetti negativi, e una formazione adeguata può essere fondamentale per garantire un trattamento compassionevole e informato.

Impatto sulle Relazioni: Lo stigma può influenzare non solo la persona che soffre di un disturbo mentale, ma anche le sue relazioni. Amici e familiari possono allontanarsi, temendo l'incomprensione o il giudizio degli altri, aggravando la sensazione di isolamento dell'individuo affetto.

Ruolo delle Organizzazioni: Organizzazioni non governative, associazioni e gruppi di supporto giocano un ruolo cruciale nell'assistere persone con problemi di salute mentale, combattendo lo stigma e promuovendo un cambiamento positivo nella società. Questi gruppi possono fornire una piattaforma per condividere esperienze, educare il pubblico e influenzare le politiche.

Tecnologia e Piattaforme Online: Con l'avvento dei social media e delle piattaforme online, ci sono sempre più spazi dove le persone possono condividere le loro esperienze, educare gli altri e combattere lo stigma. Tuttavia, c'è anche il rischio di diffusione di informazioni errate o distorte, quindi è essenziale navigare e condividere informazioni con discernimento.

Lo Stigma come Barriera al Trattamento: Una delle conseguenze più dannose dello stigma è che può impedire alle persone di cercare aiuto. La paura di essere etichettati o giudicati può impedire a molti di cercare il trattamento di cui hanno disperatamente bisogno, aggravando le loro condizioni e riducendo le loro probabilità di recupero.

Ogni punto menzionato contribuisce alla complessità dello stigma sociale associato alla salute mentale. La sua natura pervasiva e le sue molteplici manifestazioni rendono essenziale un approccio multidimensionale per combatterlo e promuovere una maggiore comprensione e accettazione.

La percezione dello stigma sociale legato alle malattie mentali non è costante, ma piuttosto si evolve in base a diversi fattori, tra cui l'educazione, l'esposizione mediatica, e le influenze culturali.

Educazione e Comprensione: L'istruzione può svolgere un ruolo cruciale nella lotta contro lo stigma. Informare le persone sul fatto che la malattia mentale non è una scelta, ma una condizione medica come qualsiasi altra, può aiutare a cambiare le percezioni. Le istituzioni educative, dalle scuole elementari alle università, possono integrare programmi che promuovono la comprensione e l'accettazione delle malattie mentali, incoraggiando gli studenti a vedere oltre i pregiudizi e a informarsi meglio.

Influenze Culturali e Tradizioni: In alcune culture, ci sono credenze tradizionali che possono collegare la malattia mentale a cause soprannaturali, come maledizioni o possessioni. Queste credenze possono rafforzare lo stigma e impedire alle persone di cercare un trattamento medico appropriato. Tuttavia, con il tempo e con l'esposizione a diverse fonti di informazione, queste percezioni possono cambiare.

Celebrità e Personaggi Pubblici: Negli ultimi anni, molte celebrità hanno parlato apertamente delle loro esperienze con la salute mentale. Questa apertura può avere un impatto positivo nella lotta contro lo stigma, poiché dimostra che chiunque, indipendentemente dallo status o dalla fama, può essere affetto da problemi di salute mentale.

Campagne di Sensibilizzazione: Numerose campagne sono state lanciate a livello globale per combattere lo stigma associato alla salute mentale. Queste campagne mirano a informare il pubblico, sfidare i miti e promuovere storie di successo.

Effetti Economici dello Stigma: Lo stigma può avere ripercussioni economiche sia per gli individui che per la società nel suo complesso. Le persone che affrontano lo stigma possono avere difficoltà a trovare lavoro o a mantenere un impiego stabile a causa dei pregiudizi. A livello macro, ciò può tradursi in una perdita di produttività e in un aumento dei costi sanitari.

Ruolo delle Religioni: Diverse religioni hanno diverse opinioni e atteggiamenti nei confronti delle malattie mentali. Mentre alcune possono offrire supporto e comprensione, altre possono involontariamente perpetuare lo stigma attraverso interpretazioni dogmatiche o dottrinali. È essenziale promuovere il dialogo e la comprensione tra diverse fedi per garantire che la religione sia una fonte di supporto piuttosto che una barriera.

Tecnologie Emergenti e App di Salute Mentale: Con la crescente dipendenza dalla tecnologia, sono state sviluppate numerose app e piattaforme online per aiutare le persone a gestire e comprendere meglio la loro salute mentale. Queste piattaforme possono servire come strumenti educativi, contribuendo a ridurre lo stigma e fornendo risorse preziose a chi ne ha bisogno.

Ogni strato di comprensione e intervento aggiunge una nuova prospettiva sulla complessa questione dello stigma sociale legato alla salute mentale. Attraverso continui sforzi e strategie integrate, è possibile sperare in una società più comprensiva e inclusiva.

Lo stigma sociale relativo alla salute mentale è uno dei principali ostacoli al riconoscimento, alla diagnosi e al trattamento delle malattie mentali. Ha radici profonde nelle nostre società, spesso alimentato da stereotipi, pregiudizi e mancanza di informazione. L'importanza di affrontare e contrastare questo stigma non può essere sottolineata abbastanza, in quanto ha ripercussioni dirette e tangibili sulla qualità della vita delle persone affette da disturbi mentali.

In primo luogo, lo stigma può impedire alle persone di cercare aiuto quando ne hanno bisogno. La paura di essere etichettati, discriminati o emarginati può far sì che molti ritardino o evitino del tutto di cercare trattamenti, aggravando le loro condizioni e diminuendo le probabilità di recupero. Questo ritardo nell'ottenere l'assistenza necessaria può portare a complicazioni a lungo termine, sia fisiche che mentali, con costi aggiuntivi per la società in termini di risorse sanitarie e perdita di produttività.

Inoltre, lo stigma può manifestarsi in molte forme e può originare da diverse fonti, tra cui familiari, colleghi, media e anche professionisti sanitari. Il risultato è che le persone con disturbi mentali possono sentirsi isolate, incomprese e demoralizzati, il che può ulteriormente compromettere la loro capacità di affrontare e gestire la loro condizione.

D'altra parte, la lotta contro lo stigma non è una battaglia da combattere da soli. La comunità nel suo complesso, attraverso l'istruzione, la sensibilizzazione e le campagne, può svolgere un ruolo fondamentale nel cambiare le percezioni e nell'aprire un dialogo franco e costruttivo sulla salute mentale. Le iniziative di sensibilizzazione possono aiutare a demistificare i disturbi mentali, mostrando che sono condizioni mediche come le altre, che possono colpire chiunque e che non sono una scelta o una colpa.

Allo stesso modo, è fondamentale promuovere una cultura dell'empatia e della comprensione. Ciò può essere realizzato attraverso programmi educativi, workshop e sessioni di formazione che incoraggiano le persone a vedere oltre gli stereotipi e a comprendere meglio la complessità delle malattie mentali.

In conclusione, contrastare lo stigma sociale legato alla salute mentale è un impegno che richiede sforzi collettivi e individuali. È una lotta che va oltre la mera accettazione e che mira a creare un ambiente in cui le persone con problemi di salute mentale possano vivere, lavorare e prosperare senza paura di discriminazione o pregiudizio. Con la giusta combinazione di informazione, empatia e azione, possiamo sperare in un futuro in cui lo stigma associato alla salute mentale sia una cosa del passato.

17. Legislazione e Politiche • Ruolo delle leggi e delle politiche nella prevenzione.

17. Legislazione e Politiche • Ruolo delle leggi e delle politiche nella prevenzione. L'ambito della salute mentale non è solo una questione clinica o personale, ma è strettamente intrecciato con le strutture legali e politiche di una società. La legislazione e le politiche possono avere un impatto significativo sul modo in cui le persone con disturbi mentali sono percepite, trattate e supportate. Di conseguenza, una legislazione ben concepita e politiche efficaci possono svolgere un ruolo cruciale nella prevenzione e nel trattamento dei problemi di salute mentale.

1. **Protezione dei Diritti**: Le leggi possono garantire che i diritti delle persone con problemi di salute mentale siano protetti. Ciò include il diritto all'accesso ai servizi di cura, il diritto alla riservatezza e il diritto di non essere discriminati. Queste protezioni legali possono aiutare a ridurre lo stigma e a garantire che le persone ricevano il sostegno di cui hanno bisogno.

2. **Standard di Cura**: La legislazione può stabilire standard minimi di cura per le istituzioni e i provider di servizi di salute mentale, garantendo che le persone ricevano un trattamento adeguato e basato sulle prove di efficacia.

3. **Accessibilità dei Servizi**: Le politiche possono essere create per garantire che i servizi di salute mentale siano facilmente accessibili. Ciò può includere finanziamenti per cliniche comunitarie, linee di assistenza telefonica per la salute mentale e programmi di sensibilizzazione.

4. **Prevenzione e Educazione**: Le politiche possono sostenere programmi educativi nelle scuole, nei luoghi di lavoro e nelle comunità che sensibilizzano sulle questioni relative alla salute mentale e forniscono strumenti e risorse per

aiutare le persone a riconoscere e affrontare i problemi prima che si aggravino.

5. **Ricerca e Innovazione**: La legislazione può prevedere finanziamenti per la ricerca sulla salute mentale, garantendo che ci siano risorse sufficienti per studiare nuovi trattamenti, identificare le cause dei disturbi e sviluppare strategie di prevenzione più efficaci.

6. **Coordinamento Interdisciplinare**: Le politiche possono promuovere la collaborazione tra diversi settori, come quello sanitario, quello educativo e quello sociale, per garantire un approccio olistico alla prevenzione e al trattamento dei problemi di salute mentale.

7. **Formazione dei Professionisti**: La formazione e la certificazione dei professionisti della salute mentale possono essere regolamentate per garantire che siano adeguatamente preparati e qualificati per fornire cure.

8. **Cura Basata sulla Comunità**: Le politiche possono incentivare lo sviluppo di servizi basati sulla comunità piuttosto che su grandi istituzioni, promuovendo un approccio più personalizzato e centrato sulla persona.

In sintesi, una legislazione e politiche efficaci rappresentano fondamenta essenziali per una strategia di prevenzione efficace in materia di salute mentale. Le leggi e le regolamentazioni ben ponderate possono creare un ambiente in cui le persone sono protette, supportate e informate, riducendo il rischio di problemi di salute mentale e garantendo l'accesso a trattamenti efficaci quando necessario. Inoltre, attraverso finanziamenti adeguati e iniziative mirate, le politiche possono guidare l'innovazione e l'efficacia nell'ambito della prevenzione e cura della salute mentale.

L'argomento delle legislazioni e delle politiche in materia di salute mentale non può essere esaurito senza considerare l'interazione complessa tra le leggi e la realtà socioculturale di ogni nazione o comunità. Ogni società ha la sua unica visione della salute mentale e del ruolo che le istituzioni dovrebbero svolgere nel garantire il benessere dei suoi cittadini.

1. **Ruolo dei Media**: I media, sia tradizionali che digitali, influenzano spesso l'opinione pubblica e, di conseguenza, le decisioni politiche. Le rappresentazioni della salute mentale nei media possono contribuire a plasmare la percezione pubblica, influenzando sia l'adozione di nuove leggi che la loro implementazione.

2. **Considerazioni Culturali**: Le leggi e le politiche devono tener conto delle diverse realtà

culturali. Cosa potrebbe essere efficace in una
cultura potrebbe non esserlo in un'altra.
Pertanto, le politiche devono essere flessibili e
adattabili per rispondere alle specifiche necessità
culturali.

3. **Partecipazione della Comunità**: Involgere la
comunità nella creazione e nell'implementazione
di politiche può portare a risultati più efficaci.
Quando le persone sentono che la loro voce è
stata ascoltata, sono più propense a sostenere e
aderire alle iniziative.

4. **Revisione e Adattamento**: L'efficacia delle
leggi e delle politiche dovrebbe essere
regolarmente monitorata. Ciò che funziona oggi
potrebbe non essere adatto domani, soprattutto
in un campo in rapida evoluzione come la salute
mentale. L'aggiornamento e l'adattamento
continuo sono essenziali.

5. **Collaborazione Internazionale**: Data la
natura universale dei problemi di salute mentale,
la collaborazione tra paesi può essere di enorme
beneficio. Condividere conoscenze, ricerche e
approcci può aiutare nella creazione di politiche
più efficaci.

6. **Economia e Finanza**: L'implementazione di
politiche efficaci richiede risorse. Le decisioni
relative alla destinazione di fondi per la salute
mentale sono spesso un punto cruciale nelle
discussioni legislative. La questione non riguarda

solo "quanto" ma anche "come" e "dove" investire.

7. **Considerazioni Etiche**: Oltre alle preoccupazioni pratiche, ci sono anche questioni etiche da considerare. Ad esempio, come bilanciare il diritto di un individuo alla privacy con il bisogno della comunità di proteggere se stessa?

8. **Tecnologia e Innovazione**: Con l'avanzare della tecnologia, emergono nuove sfide e opportunità. Le app di telemedicina e piattaforme online offrono nuovi modi per fornire supporto in materia di salute mentale, ma portano anche nuove questioni in termini di privacy, sicurezza e accessibilità.

9. **Risposta alle Crisi**: Le leggi e le politiche devono essere in grado di rispondere rapidamente in caso di crisi, come una pandemia o un disastro naturale, che può avere profonde ripercussioni sulla salute mentale della popolazione.

Incorporando tutte queste sfaccettature, si comprende la vastità e la profondità dell'argomento delle legislazioni e politiche in materia di salute mentale. Ogni elemento, dal ruolo dei media alle considerazioni etiche, gioca un ruolo nel plasmare l'approccio di una società alla prevenzione e al trattamento dei problemi di salute mentale.

10.   **Formazione Professionale**: La formazione adeguata dei professionisti sanitari è fondamentale. Le leggi e le politiche possono incoraggiare o addirittura obbligare la formazione continua per assicurarsi che i professionisti siano sempre aggiornati sulle migliori pratiche e le ultime ricerche in materia di salute mentale.

11. **Dati e Ricerca**: La raccolta e l'analisi dei dati sono essenziali per comprendere l'efficacia delle politiche e dove possono essere necessarie modifiche. Le politiche dovrebbero quindi sottolineare l'importanza della ricerca e della raccolta di dati accurati per informare le decisioni future.

12. **Inclusività**: Le leggi e le politiche devono essere inclusive e considerare tutte le fasce demografiche, incluse età, genere, origine etnica, orientamento sessuale e capacità fisiche. La salute mentale può influenzare chiunque, e le soluzioni one-size-fits-all raramente sono efficaci.

13. **Prima Infanzia e Giovinezza**: Molti problemi di salute mentale hanno origine durante l'infanzia o l'adolescenza. Le politiche che mettono l'accento sulla prevenzione e l'intervento precoce possono avere un impatto significativo nella prevenzione di problemi più gravi in futuro.

14. **Legislazione sul Lavoro**: Il posto di lavoro può avere un impatto significativo sulla salute mentale. Le politiche che promuovono ambienti di lavoro sani, inclusivi e flessibili possono contribuire a ridurre lo stress e altri problemi correlati alla salute mentale.

15. **Housing e Alloggi**: L'accesso a un alloggio adeguato e sicuro può influenzare direttamente la salute mentale. Le leggi e le politiche dovrebbero considerare l'importanza di fornire alloggi adeguati, in particolare per quelle persone con problemi di salute mentale gravi.

16. **Leggi sull'Assistenza**: L'assistenza fornita ai malati mentali, in particolare quelli che non possono prendersi cura di sé stessi, è un aspetto cruciale. Ciò include le leggi che riguardano la tutela, l'assistenza residenziale e le decisioni mediche.

17. **Riforme Penali**: Le persone con problemi di salute mentale sono spesso sovrarappresentate nei sistemi giudiziari. Le politiche e le leggi che indirizzano la salute mentale nel contesto giuridico possono aiutare a prevenire l'ingiusta criminalizzazione e garantire un trattamento adeguato.

18. **Campagne di Sensibilizzazione**: La legislazione può anche sostenere o finanziare campagne di sensibilizzazione per informare il pubblico sulla salute mentale, aiutando a ridurre

lo stigma e promuovendo una comprensione maggiore.

19. **Salute Mentale e Stili di Vita**: L'integrazione della consapevolezza sulla salute mentale nelle politiche relative agli stili di vita, come l'alimentazione, l'esercizio fisico e il consumo di sostanze, può contribuire a un approccio più olistico alla prevenzione.
L'intersezione di questi numerosi fattori evidenzia la complessità dell'argomento e l'importanza di avere una visione olistica quando si tratta di leggi e politiche in materia di salute mentale.

20. **Interconnessione con Altri Settori**: La salute mentale non è un'isola isolata, ma piuttosto interconnessa con altri settori come l'educazione, l'occupazione e il benessere sociale. La legislazione dovrebbe riconoscere queste interconnessioni e lavorare per politiche integrate.

21. **Accessibilità Economica**: Un aspetto fondamentale delle leggi e delle politiche è garantire che i servizi di salute mentale siano economicamente accessibili. Ciò può includere sovvenzioni, copertura assicurativa o programmi di sussidio.

22. **Standard di Cura**: Definire standard di cura attraverso la legislazione può garantire che cura attraverso la legislazione può garantire che

tutti ricevano un trattamento di qualità indipendentemente dal luogo o dal fornitore.

23. **Diritti dei Pazienti**: Proteggere i diritti dei pazienti attraverso la legislazione è fondamentale. Ciò può includere il diritto all'informazione, il diritto al consenso informato e il diritto alla riservatezza.

24. **Revisione e Aggiornamento**: La ricerca e la comprensione della salute mentale sono in continua evoluzione. Le leggi e le politiche devono quindi essere dinamiche e permettere revisioni e aggiornamenti regolari.

25. **Reti di Supporto**: Includere nella legislazione il sostegno per reti di supporto formali e informali può arricchire l'infrastruttura di supporto per chi ha problemi di salute mentale.

26. **Prevenzione attraverso la Cultura**: Le leggi possono anche sostenere iniziative che mirano a creare una cultura che promuova la resilienza mentale e l'importanza del benessere psicologico.

27. **Collaborazione Interdisciplinare**: Le politiche e le leggi più efficaci sono spesso il risultato di collaborazioni tra professionisti della salute mentale, legislatori, ricercatori, e rappresentanti della comunità.

28. **Misurazione dell'Impatto**: Incorporare meccanismi per misurare l'efficacia delle leggi e

delle politiche è fondamentale per garantire che siano davvero utili e per fare aggiustamenti quando necessario.

29. **Sicurezza e Rispetto**: In particolare, quando si tratta di trattamenti e interventi, la sicurezza del paziente deve essere prioritaria. Le leggi dovrebbero riflettere questo imperativo, garantendo che i trattamenti siano forniti in un ambiente rispettoso e protetto.

30. **Dialogo Pubblico**: Mantenere un dialogo aperto con il pubblico può aiutare i legislatori a comprendere meglio le esigenze e le preoccupazioni della comunità. Le sessioni di ascolto, i forum e altre forme di partecipazione pubblica possono essere strumenti preziosi in questo processo.

31. **Incorporare la Prospettiva dei Pazienti**: Chi ha esperienze dirette di problemi di salute mentale ha una prospettiva unica e inestimabile. Incorporare le loro voci nella formulazione di politiche può risultare in leggi più efficaci e sensibili.

L'approccio alla legislazione e alle politiche sulla salute mentale richiede una visione complessa che riconosca l'intersezione di molteplici sfide e opportunità. La considerazione di questi aspetti diversi può contribuire a creare un quadro più robusto e sostenibile per la prevenzione e la cura della salute mentale.

La legislazione e le politiche in materia di salute mentale svolgono un ruolo cruciale nella definizione del quadro attraverso il quale le persone ricevono cura e sostegno. Questi strumenti giuridici e procedurali servono come linfa vitale per stabilire un sistema di prevenzione e assistenza che sia efficace, accessibile e rispettoso dei diritti dei pazienti. Una legislazione efficace in materia di salute mentale dovrebbe, in primo luogo, garantire che ogni individuo, indipendentemente dalla sua situazione economica o sociale, abbia accesso a servizi di qualità. Ciò implica la presenza di infrastrutture adeguate, una forza lavoro formativa specializzata e meccanismi di riferimento che guidino le persone verso il giusto tipo di assistenza in tempi tempestivi. Inoltre, con la crescente comprensione della salute mentale e dei suoi molteplici aspetti, è fondamentale che la legislazione sia dinamica e si adatti alle nuove ricerche e comprensioni.

Le politiche, d'altra parte, servono come strumenti di attuazione, delineando come le leggi vengono applicate nella pratica quotidiana. Queste politiche devono essere formulate sulla base delle migliori evidenze disponibili e dovrebbero sempre cercare di promuovere prassi basate sull'evidenza. Una politica efficace riconosce anche l'importanza della prevenzione, mettendo in atto strategie per educare il pubblico, promuovere la resilienza mentale e ridurre i fattori di rischio associati ai problemi di salute mentale.

Un altro elemento chiave da considerare nella formulazione di leggi e politiche sulla salute mentale è la partecipazione e il coinvolgimento degli stakeholder. Questo include non solo i professionisti della salute mentale, ma anche i pazienti, le loro famiglie e la comunità in generale. Incorporare le loro voci e ascoltare le loro esperienze può portare a decisioni più informate e soluzioni più personalizzate.

In conclusione, la legislazione e le politiche sulla salute mentale non sono solo strumenti burocratici, ma sono fondamentali per garantire che le persone con problemi di salute mentale siano trattate con dignità, rispetto e ricevano l'assistenza di cui hanno bisogno. La complessità della salute mentale richiede un approccio olistico, multidimensionale e integrato, e attraverso leggi e politiche ben pensate, si può fare molto per migliorare la vita di coloro che lottano con questi problemi. Con l'avanzare della ricerca e la crescente consapevolezza, è nostro dovere come società garantire che il nostro approccio legale e politico alla salute mentale sia adeguato, inclusivo e umano.

18. Casi Studio • Esempi reali e lezioni apprese.

I casi studio sono strumenti essenziali per comprendere a fondo le complessità delle malattie mentali e i vari interventi che possono avere un impatto significativo. Osservando situazioni reali, è possibile apprendere lezioni preziose su ciò che funziona, ciò che non funziona e come migliorare le pratiche correnti. Ecco alcuni esempi di casi studio significativi nel campo della salute mentale:

1. **La Crisi di Suicidio a Bridgend, Galles**: Tra il 2007 e il 2008, la comunità di Bridgend in Galles ha vissuto una serie di suicidi tra giovani, suscitando allarmi a livello nazionale e internazionale. Una profonda analisi del caso ha rivelato la necessità di un intervento tempestivo, un monitoraggio più efficace dei media e l'importanza della formazione della comunità sulla salute mentale e la prevenzione del suicidio. **Lezioni apprese**: La sensibilizzazione della comunità e una copertura mediatica responsabile sono fondamentali per prevenire ulteriori tragedie. La promozione dell'alfabetizzazione sulla salute mentale può avere un effetto protettivo in situazioni di crisi.

2. **Programma di Terapia di Gruppo in Norvegia**: La Norvegia ha implementato un programma di terapia di gruppo per persone con disturbi d'ansia e depressione, basato sul modello cognitivo-comportamentale. Questo approccio ha offerto alle persone l'opportunità di condividere le loro esperienze e apprendere dalle esperienze degli altri.

   Lezioni apprese: L'approccio di gruppo può offrire un supporto unico, permettendo ai partecipanti di sentirsi meno isolati e di acquisire nuove competenze per affrontare i loro problemi.

3. **Clubhouse Model in USA**: Iniziato a New York negli anni '40, il Clubhouse Model offre alle persone con gravi problemi di salute mentale un ambiente comunitario dove possono imparare nuove competenze, socializzare e trovare sostegno. Questo modello ha dimostrato di aumentare l'autonomia e ridurre i ricoveri ospedalieri.

   Lezioni apprese: Gli ambienti comunitari che offrono sostegno, struttura e opportunità possono avere un impatto positivo sulla qualità della vita delle persone con problemi di salute mentale.

4. **Riforma della Salute Mentale in Trieste, Italia**: Negli anni '70, Trieste ha intrapreso una profonda riforma del suo sistema di salute mentale, chiudendo gli ospedali psichiatrici e

sviluppando una rete di servizi comunitari. Questo modello ha enfatizzato l'integrazione delle persone con problemi di salute mentale nella comunità.

Lezioni apprese: La deistituzionalizzazione può funzionare quando accompagnata da un forte supporto comunitario. La chiave è vedere le persone con problemi di salute mentale come cittadini con diritti piuttosto che come pazienti da isolare.

Questi sono solo alcuni dei numerosi casi studio che offrono una visione approfondita delle sfide e delle opportunità nel campo della salute mentale. Studiando questi esempi e altri simili, è possibile identificare le migliori pratiche, apprendere dalle esperienze passate e costruire un futuro migliore per coloro che affrontano problemi di salute mentale.

La valutazione di casi studio è un processo essenziale per comprendere meglio l'efficacia delle interviste cliniche, dei trattamenti e delle terapie nel contesto della salute mentale. Ogni caso studio porta con sé un set unico di circostanze, sfide e risultati che possono illuminare approcci e metodi efficaci.

5. **Terapia Assistita da Animali in Australia:** In Australia, la terapia assistita da animali è stata utilizzata per trattare una vasta gamma di

disturbi, tra cui la depressione e la PTSD. In uno studio specifico, un gruppo di veterani di guerra con PTSD ha interagito regolarmente con cani addestrati. Questa interazione ha dimostrato di ridurre significativamente i sintomi di PTSD, aumentando al contempo il benessere generale dei partecipanti.

6. **Trattamenti basati sulla Mindfulness in UK**: Un programma di riduzione dello stress basato sulla mindfulness (MBSR) è stato implementato nel Regno Unito per individui con alti livelli di stress lavorativo. Dopo aver seguito il programma per otto settimane, i partecipanti hanno riferito una significativa riduzione dello stress e un miglioramento dell'umore, dimostrando l'efficacia di tali pratiche nel mondo frenetico di oggi.

7. **Interventi basati sulla Comunità in Svezia**: In Svezia, uno specifico approccio di "housing first" è stato adottato per le persone senza fissa dimora con problemi di salute mentale. Questo approccio si concentra sul fornire alloggio come primo passo, seguito da supporto e servizi basati sulla comunità. Questo ha portato a tassi di successo significativamente più alti nella stabilizzazione della vita delle persone rispetto agli approcci tradizionali.

8. **Programma di Arte Terapia in Brasile**: In Brasile, un particolare programma di arte terapia è stato utilizzato per giovani adulti con schizofrenia. Attraverso la pittura, la scultura e altre forme d'arte, questi individui hanno potuto esprimere se stessi, confrontare le loro esperienze e trovare significato attraverso l'arte. Molti hanno riferito una riduzione dei sintomi e un aumento dell'autostima.

9. **Gruppi di Supporto Peer-to-Peer in Canada**: In Canada, vi è stata una crescente enfasi sull'utilizzo di gruppi di supporto peer-to-peer per affrontare problemi di salute mentale. Questi gruppi sono guidati da individui che hanno esperienza personale con problemi di salute mentale e possono offrire comprensione e supporto in modo unico. Questi gruppi hanno dimostrato di essere particolarmente efficaci nel ridurre la solitudine e fornire una rete di supporto.

10. **Interventi Digitali in Giappone**: Con l'ascesa della tecnologia, il Giappone ha sperimentato diversi programmi di intervento digitale, utilizzando app e piattaforme online per fornire terapia e supporto. Questi strumenti sono stati particolarmente utili per coloro che vivono in aree remote o che hanno difficoltà ad accedere ai servizi tradizionali di salute mentale.

Questi casi, insieme a innumerevoli altri esempi in tutto il mondo, dimostrano la vastità e la complessità degli interventi e dei trattamenti nel campo della salute mentale. La diversità di approcci, culture e metodi sottolinea la necessità di un'attenzione continua, ricerca e adattabilità nel rispondere alle esigenze in continua evoluzione delle persone con problemi di salute mentale.

La profondità e l'ampiezza dei casi studio nel campo della salute mentale offrono spunti preziosi che possono guidare le migliori pratiche e le decisioni di politica sanitaria. Attraverso questi casi, possiamo osservare come diversi fattori, culturali, socio-economici e ambientali, influenzino la salute mentale e la risposta ai trattamenti.

11. **Intervento Psicoeducativo in Spagna**: In Spagna, è stato introdotto un programma psicoeducativo per aiutare le famiglie a comprendere e gestire meglio la schizofrenia. Le sessioni hanno fornito formazione su cosa aspettarsi dalla malattia, come comunicare efficacemente con un membro della famiglia affetto e come gestire le crisi. Questo approccio ha dimostrato di ridurre il ricovero ospedaliero e migliorare la qualità della vita sia per i pazienti che per le loro famiglie.

12. **Terapie basate sulla Natura in Nuova Zelanda**: La Nuova Zelanda, con la sua straordinaria bellezza naturale, ha visto una crescita delle terapie basate sulla natura. Questi interventi incoraggiano le persone a connettersi con la natura attraverso attività come camminate nel bush, giardinaggio e meditazione all'aperto. Queste attività non solo offrono benefici fisici, ma hanno anche dimostrato di ridurre i sintomi dell'ansia e della depressione.

13. **Programmi di Intervento Precoce in Singapore**: Riconoscendo l'importanza di un intervento precoce nella salute mentale, Singapore ha lanciato programmi di screening e intervento per adolescenti e giovani adulti. L'obiettivo è identificare i segni precoci di problemi di salute mentale e fornire supporto prima che si sviluppino in condizioni più gravi.

14. **Musica e Danza in Africa Occidentale**: In molte comunità dell'Africa occidentale, la musica e la danza sono state tradizionalmente utilizzate come mezzo di guarigione e connessione comunitaria. Recentemente, sono stati condotti studi per esaminare l'efficacia di tali pratiche nella gestione di traumi e stress post-traumatico. Si è scoperto che la partecipazione a queste attività comunitarie può avere effetti terapeutici, aiutando gli individui a elaborare e liberarsi dai traumi.

15. **Programmi di Riabilitazione in Norvegia**:
La Norvegia ha introdotto programmi di
riabilitazione psicosociale che si concentrano su
interventi individualizzati e centrati sulla
persona. Questi programmi sono progettati per
aiutare le persone con gravi problemi di salute
mentale a riacquistare competenze, migliorare la
loro qualità della vita e raggiungere un maggiore
grado di indipendenza.

16. **Supporto Virtuale in Corea del Sud**: Con
l'avvento della tecnologia, la Corea del Sud ha
visto un aumento delle piattaforme virtuali di
supporto psicologico. Queste piattaforme
permettono a chi ne ha bisogno di accedere a
consigli, terapie e gruppi di supporto dal comfort
delle loro case, rompendo barriere geografiche e
culturali.

Questi esempi illustrano come diverse culture e
società affrontano e rispondono ai problemi di
salute mentale. La varietà degli approcci
sottolinea la necessità di adattare le soluzioni alle
specifiche esigenze di ciascun individuo e
comunità.

Continuando a esplorare i casi studio sulla salute
mentale, è possibile scorgere ulteriori
sfaccettature e approcci che diverse regioni e
culture hanno adottato per affrontare e trattare
questioni di salute mentale.

17. **Terapia con gli Animali in Australia**:
L'Australia ha una vasta tradizione di utilizzo di animali nella terapia, con particolare riferimento ai cavalli. La terapia equestre, nota anche come equitazione terapeutica, è diventata sempre più popolare come mezzo per aiutare individui con una varietà di problemi, da disturbi d'ansia a traumi. La connessione con un animale può offrire un senso di calma, aumentare l'autostima e aiutare a sviluppare abilità sociali e motorie.

18. **Meditazione in Thailandia**: La Thailandia, con le sue profonde radici nel Buddhismo, ha una lunga tradizione di meditazione come pratica per promuovere il benessere mentale. Molti monasteri offrono ritiri dove i partecipanti possono imparare e praticare la meditazione, contribuendo a ridurre i sintomi di stress, ansia e depressione.

19. **Interventi basati sulla Comunità in Brasile**: Alcune comunità in Brasile hanno sviluppato programmi di salute mentale incentrati sulla comunità, anziché sui tradizionali servizi ospedalieri. Questi programmi spesso utilizzano la musica, la danza e altre forme d'arte come terapie, offrendo ai partecipanti un senso di appartenenza e di scopo.

20. **Programmi di Peer Support negli Stati Uniti**: Negli Stati Uniti, c'è stato un crescente riconoscimento del valore del peer support, o supporto tra pari, nella salute mentale. Persone che hanno vissuto esperienze di problemi di salute mentale vengono formate per sostenere altri che stanno attraversando sfide simili, offrendo comprensione, empatia e una prospettiva unica sulla guarigione.

21. **Reti di Supporto per Rifugiati in Germania**: Con l'aumento dei flussi di rifugiati in Germania, sono stati sviluppati programmi specifici per aiutare questi individui a far fronte ai traumi e agli stress associati all'essere sfollati. Questi programmi combinano terapie tradizionali con attività di gruppo e opportunità di integrazione nella società più ampia.

22. **Pratiche Tradizionali in Sudafrica**: In molte comunità del Sudafrica, i guaritori tradizionali giocano un ruolo chiave nella gestione della salute mentale. Questi praticanti utilizzano erbe, rituali e consigli per aiutare gli individui a navigare i loro problemi emotivi e psicologici.

Ognuno di questi casi studio offre intuizioni preziose sulle molteplici vie attraverso cui la salute mentale può essere affrontata e migliorata. Essi sottolineano l'importanza della comprensione culturale, dell'adattamento e dell'innovazione nel campo della salute mentale.

Continuando ad analizzare altri casi studio notevoli:

23.   **Ritiri di Mindfulness in Giappone**: Conosciuti come "Shinrin-yoku" o "forest bathing", questi ritiri offrono un'opportunità di immergersi nella natura e praticare la mindfulness. Numerose ricerche hanno dimostrato che il contatto con la natura può ridurre i livelli di stress e aumentare il benessere generale, offrendo ai partecipanti una pausa dai ritmi frenetici della vita quotidiana.

24.   **Gruppi di Auto-Aiuto in India**: In India, l'approccio della comunità ha visto un crescente interesse con gruppi di auto-aiuto specifici per la salute mentale. Questi gruppi, spesso situati in aree rurali, offrono sostegno reciproco e strategie di coping ai membri, e possono funzionare come ponti verso servizi di salute mentale più tradizionali.

25.   **Programmi Artistici in Italia**: L'Italia ha una ricca tradizione di utilizzo dell'arte come forma di espressione e terapia. Molti centri offrono workshops di arte-terapia, dove la pittura, la scultura e altre forme d'arte vengono utilizzate come mezzi per esplorare e affrontare problemi emotivi e psicologici.

26. **Interventi Sportivi nel Regno Unito**: In alcune città del Regno Unito, sono stati avviati programmi che utilizzano lo sport come mezzo per migliorare la salute mentale. Attraverso il calcio, il rugby e altre attività, i partecipanti possono costruire legami sociali, aumentare l'autostima e gestire lo stress e l'ansia.

27. **Centri Olistici in Costa Rica**: Con un forte interesse per la salute olistica e naturale, in Costa Rica ci sono centri che combinano pratiche tradizionali con approcci occidentali, offrendo terapie come la meditazione, il massaggio e la riflessologia per affrontare sia le sfide fisiche che quelle mentali.

28. **Programmi di Formazione in Nuova Zelanda**: La Nuova Zelanda ha introdotto programmi innovativi per formare il pubblico sulla salute mentale, al fine di ridurre lo stigma e aumentare la consapevolezza. Questi programmi mirano a equipaggiare le persone con le competenze per riconoscere i segni di problemi di salute mentale nei loro cari e sapere come intervenire.

29. **Terapia della Danza in Argentina**: La danza è stata utilizzata come forma di terapia in Argentina, permettendo ai partecipanti di esprimere le proprie emozioni e trovare connessioni con gli altri attraverso il movimento.

Ogni caso studio rappresenta una testimonianza del modo in cui diverse culture e società hanno affrontato i problemi di salute mentale, offrendo soluzioni innovative e strategie che possono essere adattate e applicate in contesti diversi. Questa ricca tapezzeria di approcci dimostra che, sebbene la salute mentale sia una sfida universale, esistono infinite vie attraverso cui affrontarla.

La profondità e l'ampiezza dei casi studio esplorati evidenziano la molteplicità di approcci adottati in tutto il mondo per affrontare le sfide legate alla salute mentale. La diversità geografica, culturale ed economica delle società ha influenzato e modellato la nascita di strategie uniche, ciascuna delle quali è stata sviluppata tenendo conto delle esigenze specifiche delle comunità locali.

Questi casi studio rappresentano sia l'universalità dei problemi di salute mentale, indipendentemente dalla cultura o dal contesto, sia la necessità di soluzioni personalizzate. Ad esempio, mentre il "Shinrin-yoku" in Giappone sottolinea l'importanza del contatto con la natura, i programmi artistici in Italia mostrano il potere curativo dell'espressione creativa. Allo stesso modo, mentre l'India si avvale di gruppi di auto-aiuto comunitari per affrontare le sfide della salute mentale, la Nuova Zelanda ha posto l'accento sulla formazione del pubblico per ridurre lo stigma.

Tuttavia, oltre alla loro diversità, c'è una serie di temi comuni che emergono da questi casi studio:

1. **Comunità e Connessione**: Che si tratti di gruppi di auto-aiuto in India o di programmi sportivi nel Regno Unito, l'importanza di costruire legami sociali e di avere una rete di supporto è un tema dominante. La connessione umana, la solidarietà e la comprensione reciproca sono spesso alla base della guarigione e del benessere.

2. **Personalizzazione**: Non esiste una soluzione "taglia unica" per la salute mentale. La personalizzazione delle terapie e degli interventi, basata su bisogni individuali e contesti culturali, è cruciale. L'arte-terapia italiana, ad esempio, potrebbe non avere lo stesso impatto in un altro contesto.

3. **Educazione e Consapevolezza**: Molti di questi programmi, come quelli di formazione in Nuova Zelanda, mirano non solo a fornire supporto, ma anche a educare il pubblico, contribuendo a ridurre lo stigma e ad aumentare la consapevolezza dei problemi di salute mentale. In conclusione, la salute mentale, pur essendo una sfida globale, richiede soluzioni localizzate. Questi casi studio offrono un tesoro di lezioni

apprese, mostrando che, con creatività, empatia e comprensione, è possibile costruire interventi efficaci che rispecchiano le esigenze e le aspirazioni delle diverse comunità.

20. Conclusione • Riassunto dei principali punti e chiamata all'azione.

Conclusione

Nella nostra esplorazione dettagliata delle sfide, dei trattamenti e delle politiche legate alla salute mentale, emerge una comprensione profonda della sua intricata natura e dell'importanza di affrontarla in modo olistico e personalizzato. Ci siamo concentrati su vari temi, dall'influenza dei mass media al ruolo del supporto familiare, dalla lotta contro lo stigma sociale alle leggi e alle politiche, passando attraverso casi studio illuminanti.

Riassunto dei principali punti:

1. **Mass Media**: Hanno il potere di influenzare positivamente o negativamente le percezioni sulla salute mentale, sottolineando la necessità di una rappresentazione responsabile e sensibile.

2. **Supporto Familiare**: La famiglia può essere un pilastro di sostegno, ma è essenziale che sia adeguatamente educata e equipaggiata per comprendere e aiutare i propri cari.

3. **Strategie di Coping**: Sono essenziali per aiutare gli individui ad affrontare lo stress e le difficoltà, e la loro efficacia varia da persona a persona.

4. **Accesso alle Cure**: La disponibilità e la qualità dei servizi di salute mentale sono cruciali per garantire che tutti ricevano l'aiuto di cui hanno bisogno.

5. **Stigma Sociale**: Rimane una delle principali barriere all'accesso alle cure e richiede sforzi collettivi per essere superato.

6. **Legislazione e Politiche**: Le leggi possono sia proteggere i diritti dei pazienti sia promuovere la prevenzione e l'intervento precoce.

7. **Casi Studio**: Mostrano che diverse culture e società hanno approcci unici ed efficaci nella gestione della salute mentale.

Chiamata all'azione:

Ora più che mai, è imperativo che ogni individuo, comunità, organizzazione e nazione riconosca l'importanza della salute mentale. Questo non è solo un obbligo etico, ma anche un imperativo per il benessere collettivo. È essenziale promuovere l'educazione sulla salute mentale, assicurarsi che le persone abbiano accesso a cure di qualità e continuare a combattere contro lo stigma. Inoltre, l'innovazione e la ricerca devono guidare il nostro approccio, garantendo che i trattamenti siano all'avanguardia e personalizzati per le esigenze di ogni individuo.

L'appello finale è quindi per un impegno collettivo e rinnovato verso il benessere mentale: una causa che ci riguarda tutti, in ogni angolo del mondo.

Conclusione del Libro

Attraverso questa esplorazione approfondita delle sfide e delle opportunità legate alla salute mentale, è chiaro che si tratta di un argomento complesso, multifacetico e di cruciale importanza per l'umanità. Questa guida ha tentato di coprire molteplici aspetti, offrendo sia informazioni generali che consigli pratici.

Riassunto dei Punti Chiave:

1. **Mass Media**: Come influenzano le percezioni sulla salute mentale e l'importanza di una rappresentazione sensibile.
2. **Supporto Familiare**: L'importanza del sostegno familiare e le strategie per renderlo efficace.
3. **Strategie di Coping**: Diverse tecniche per gestire stress e difficoltà quotidiane.
4. **Accesso alle Cure**: L'essenzialità dell'accesso ai servizi di salute mentale.
5. **Stigma Sociale**: L'urgenza di combattere gli stereotipi e di promuovere la comprensione.

6. **Legislazione e Politiche**: Come le leggi possono sostenere chi ha problemi di salute mentale.

7. **Casi Studio**: Approfondimenti reali che offrono prospettive e lezioni.

Risorse Ulteriori:

Consapevoli della vastità dell'argomento e dell'importanza di approfondire ulteriormente, suggeriamo le seguenti risorse online:

- **World Health Organization (WHO)**: Una fonte autorevole su vari argomenti legati alla salute, inclusa la salute mentale. (www.who.int)

- **Mental Health Europe**: Un'organizzazione no-profit che fornisce informazioni e risorse sulla salute mentale in Europa. (www.mhe-sme.org)

- **Mind**: Un'entità britannica dedicata a fornire supporto e risorse per chi lotta con problemi di salute mentale. (www.mind.org.uk)

- **NAMI (National Alliance on Mental Illness)**: Una delle principali organizzazioni statunitensi che fornisce supporto, educazione e ricerca. (www.nami.org)

Per chi è interessato ad approfondire specifici trattamenti o terapie, suggeriamo di consultare le linee guida cliniche pubblicate da associazioni psichiatriche nazionali o internazionali, o di rivolgersi a specialisti nel settore.

In conclusione, speriamo che questo libro abbia offerto una panoramica completa e utile sulla salute mentale e sui vari fattori che la influenzano. La salute mentale è un viaggio, non una destinazione, e ogni passo verso la comprensione, l'empatia e il sostegno può fare la differenza nella vita di qualcuno. Continua ad educarti, a cercare supporto e a sostenere gli altri nel loro percorso.